だいわ文庫

ゆるくても続く

知の整理術

pha

大和書房

この本で伝えたいことはただ一つ。

〝一生懸命、必死でがんばっているやつよりも、
なんとなく楽しみながらやっているやつのほうが強い〟

ということだ。

はじめに——なんとなく楽しんでいるやつが一番強い

僕は小さい頃から、ほとんど何かをがんばったことがない。

自分が人より根性や体力がないのには自信がある。みんなで一緒に何かをすると、いつも一番先に、「疲れた」とか「だるい」と言ってサボり出すタイプだ。

決して勤勉じゃないし、決まった時間に起きられないし、部屋も散らかっているし、ちょっと活動するとすぐに横になって休んでしまう。

だけど、そんな僕が今までの人生で、京大現役合格をしたり、会社を辞めて無職になってからもブログが人気ブログになって、5年間で5冊の書籍の出版に至ったり、シェアハウス「ギークハウス」の運営を10年間続けているなど、大体のことはなんとなくやっているうちにうまくいった。

うまくいった理由はたぶん、「**人より我慢強さがないからこそ、しんどいことを避けてうまくやるやり方を知っていた**」から。そして、たまたま人生の早い段階で、

「**勉強を楽しむやり方を身につけることができた**」からだ。

この本では、そんな僕が普段から実行している、「がんばらずに、なんとなくうまくいく勉強法」を伝えることで、もっと自由にラクに生きられる人を増やしたいと思っている。

勉強というのは、知識を整理して自分の中に取り入れる行為だ。

そして、勉強する能力さえ身につけておけば、いくつになっても、どんな状況になっても、わりと人生やっていけるものなのだ。

〝知識は人生を変える〟

それは、「学校の勉強をがんばるといい大学に入れる」とか「資格を取れば収入が上がる」という話だけではない。

何かの知識を調べて覚えて活用する技術は、人生のあらゆる場面で必要となってくるものだ。

知識があれば避けられる不幸が、人生には結構ある。だけど、たまたま知らないばかりに苦労し続けてしまっている人は世の中に多い。

実は、困っている人を助ける制度はたくさんあるのに、自分で調べてその制度にたどりついた人しか助けてもらえない、ということはよくある。

就職で困っている人、会社のことで困っている人、家族のことで困っている人、子育てで困っている人、借金で困っている人……。

ちょっと調べて情報や知識にアクセスすることさえできれば、今の状況から抜け出させてくれる手段や、別の人生の選択肢があることを知ることができるのに、知らないままで苦しんでいる人が意外と多い。

なんとなく普段から知識や情報に触れる習慣を持っているかどうか、困ったときに自分でちょっと調べてみるという行動パターンを持っているかどうか、わからないときはどこでどういうふうに質問すれば答えが見つかるかを知っているかどうか。そうした、**「勉強への抵抗のなさ」**で、**人生は結構変わる**。

だから、いろんな人の人生をラクにするために、勉強することはそれほど難しいものではないし、わりと楽しいものでもある、ということをできるだけ伝えたいと思っている。

まず、僕が何かを勉強する際に大事だと考えている軸がある。
それが、次の3つだ。

その1「習慣の力」でやる
その2「ゲーム感覚」でやる
その3「楽しいことだけ」やる

これから勉強法を説明していく前に、大前提となる考え方だ。
これらを一つずつ紹介していきたい。

その1

「習慣の力」でやる

人類最大の敵は「めんどくさい」

まず一つ目の軸、「習慣の力」について。

勉強でも仕事でも何でも、どれだけ根性を出してがんばるかということよりも、習慣や環境の力を利用して、無理なくなんとなく続けることが重要だ。**できる人ほど、力を入れずにいろいろなことが回っていく習慣や環境を形作っている。**無理に力を入れて何かをしようとしても、長期的に見るともたない。

結局、最終的には、がんばる人よりも、「なんとなく」「楽しみながら」やっている人が残るようになっている。

ただ、たまに血の汗を流すような努力をずっと続けて成功している人もいる。だけど、そういう人は特殊な例外だ。そういう人はがんばって苦しむこと自体が好きな「がんばりマゾヒスト」の性癖があるだけで、普通の人がそれをマネしても苦しくて潰れてしまう。

普通の人は、無理なくなんとなく続けられる方法を探したほうがいいのだ。

ただ、人間にとって普段なんとなくやっている習慣を変えるのは結構難しいものだ。
古谷実《ふるやみのる》の『グリーンヒル』というマンガに、「人類最大の敵は『めんどくさい』だ」という言葉が出てくる。

「めんどくさい」とか「惰性《だせい》」とか、今までの習慣をそのまま続けようとする慣性、こいつらの力はかなり強い。勉強でもダイエットでも何でも続かないのは、大体こいつらのせいだ。

自制心があって努力家の人間なんてごく一部だ。僕を含めて人間のほとんどは怠惰《たいだ》でめんどくさがりで飽きっぽいダメ人間だから、何かをやろうとしても大体めんどくさくて続かないのだ。

だけど、習慣は変えられる。そしていったん変えてしまえば、なんとなく普段から努力しなくても行えるようになる。

恥ずかしい話だけど、僕は子どもの頃はずっと風呂に入るのがめんどくさくて、入らなかったり、入ってもまともに体を洗わなかったりした。

でも、実家を出て一人暮らしをするようになったのをきっかけに、風呂に入る習慣が身についたのだけど、いったんそうなると、今では風呂に毎日入らないとなんか体が気持ち悪く感じるようになってしまった。

勉強も風呂みたいなもので、いったん習慣にしてしまえば、あとはそんなにエネルギーを使わずなんとなくできるようになるものだ。

「なんとなく」は環境が作る

人の行動や習慣というのは、自分を取り巻く環境によって大きく左右される。

環境というのは、たとえば勉強でいうと、「家や家の近くに集中して勉強できる場所があるかどうか」といった物理的な環境もあるけれど、それよりも重要なのが、「周りにいる人」だ。

周りに勉強をしている人が多くて、普段からそういう人たちを目にしていると、自分も知らず知らず、「勉強しなきゃ」という気になるものだ。「自分は全然できないほうだ」と思っていても、それは周りの人に比べてできないだけで、世間一般の基準から見ると全然できていたりする。

逆に周りに何もしない人が集まっていると、「まあ、みんなこれくらいが普通だよね」と思ってあまり何もしなくなってしまう。

周りに運動をしている人が多いと自分もちょっと運動してみるかという気分になるし、周りに音楽好きが多いと、自然に自分も音楽を聴いてみようという気分になるものだ。

人間の行動はかなりの部分、周りの人間によって作られている。

僕が好きなことわざは、「**門前の小僧習わぬ経を読む**」だ。

お寺の前に住んでいる子どもは特に勉強したわけでもないのに自然と聞こえてくるお経を覚えてしまって暗唱できるようになる、という意味だ。

勉強をする際はできるだけ、がんばって何かを身につけるよりもなんとなくいつの間にか身についているという、この「門前の小僧」スタイルを目指していきたい。

お金持ちの子はお金持ち

また、社会学には「**文化資本**」という概念がある。

昔から、「お金持ちの子どもはお金持ちになりやすく貧乏な人の子どもは貧乏になりやすい」という事実があることが知られていて、「人間は生まれつき不平等なのではないか？」ということで問題とされている。

なぜ、お金持ちの子どもはお金持ちになりやすいのだろうか。

一つは単純に、「遺産を相続できるから」というのがある。また、「教育にお金をかけられるから」という理由も大きい。

ただ、親から子に伝えられるものはお金だけではなくて、文化や習慣などの目に見えない要素もある。この、**周りの環境から受けた文化的影響が人生を左右する、というのが「文化資本」の考え方だ。**

たとえば、親が本を読む習慣を持っていると子どももなんとなく自然に本を読むようになる。親や親戚がみんな大学を出ていると、大学に進むのが当たり前のような意識を持って育って、なんとなく大学を目指すようになる。

そういったことが文化資本だ。

そんな感じで結局、育った環境でなんとなく習慣や人生観が身についてしまい、いい環境で育った人はなんとなくいい環境に進みやすくなるのがこの社会だ。

人は生まれる家庭を選べないので、不公平なことではある。

だけど、**人は自分の意志で環境を変えていくことができる生き物だ**。

自分がどういう方向に変わりたいかを自覚して、変わりたい方向に影響を与えてくれる人や物を自分の周りに置くようにすれば、なんとなく自然に理想の方向に近づいていくことができる。

マザー・テレサの言葉にこんなものがある。

思考に気をつけなさい、それはいつか言葉になるから。
言葉に気をつけなさい、それはいつか行動になるから。
行動に気をつけなさい、それはいつか習慣になるから。
習慣に気をつけなさい、それはいつか性格になるから。
性格に気をつけなさい、それはいつか運命になるから。

普段なんとなく発している言葉や思考が、毎日少しずつ積もっていって、長期的な自分の人生を左右してしまう。

だけど、日常の些細な言葉や行動は、自分の意志によって変えていくことができるものだ。

人生は自分の力で変化させることができるのだ。

その2

「ゲーム感覚」でやる

人生は自由度MAXのゲームだ

次に2つ目の軸、「ゲーム感覚」について。

最初に、「なんとなく楽しんでいるやつが一番強い」と書いたけれど、「勉強を楽しむのは難しい」と思い込んでいる人が多いかもしれない。

だけど、「これはゲームだ」と思えば、大体のことは何でも楽しめるものだ。

勉強はゲームだし、仕事もゲームだ。試験の点数や順位や給与や売上高はゲームのスコアだ。

もちろん人生だってゲームだ。**人生は世界最大規模でやろうと思えば何でもできる自由度MAXの超オープンワールドゲームだから、プレイできる限り、思う存分楽しまないと損だ。**

そもそも、何がゲームで何がゲームじゃないかという区別は曖昧《あいまい》だと思う。

僕はコツコツ町を育てるような経営シミュレーションゲームが好きなのだけど、そういうゲームをやっているとよく、「これは完全に仕事だな……」という気分になる。

ゲームの中で町を作るには、まず、木こりを雇って木を切り倒す。木を切り倒したらそれを木材にする。その木材で家を建てる。家の次は畑を作って麦を植える。麦ができたら粉挽所で小麦粉にして、川で水を汲《く》んできて、水と小麦粉を使ってパン焼き所でパンを焼く。

その一連の作業が効率的に行われるように、それぞれの生産量を調整したり、人や物を移動させる動線を調整するという作業をひたすらゲームの中で繰り返すのだけど、そうした作業をちまちまとやっているとすごく仕事っぽい。楽しいんだけど。

結局、気の持ちよう次第でどんな仕事でもゲームのようにこなせるし、どんなゲームでもめんどくさくて嫌な作業になりうるのだ。

といっても、実際の仕事や勉強はやっぱり嫌なことやつらいことも多いだろう。

その理由はなんだろうか。

ゲームとして楽しむときに必要なものは2つ、「余裕」と「達成感」だ。何かを楽しめないときはこの2つを持てていないことが多い。

「メタ視点」から見る

まず、楽しむためには「余裕」が大事だ。

すごく気持ちがいっぱいいっぱいな状況だと、楽しむなんてことをやっているヒマはない。何かを楽しむためには、一歩引いた視点から状況を冷静に見るようなことが必要だ。

なかなか余裕を持ちにくいときには、僕は自分が宇宙人か未来人だと想像するようにしている。

自分は本当は今の地球よりももっと文明が進んだ宇宙とか未来の人なんだけど、ヒマ潰しにバーチャルリアリティの世界で21世紀の地球人の人生を仮想体験しているだけ、みたいに考えるのだ。

人生で苦境に陥《おちい》っているときも、「なかなか難しい戦局だな、この状況でできるだけ被害が少ない最善手を指すにはどうしたらいいか」とゲーム感覚で考える。

なんかムカつくやつがいたとしても、「ほほー、21世紀の地球ではまだこんな野蛮なAIが動いているのか、当時の人間は大変だったんだな」と思うと、少し許せるような気がする。

そうしたメタ的な視点から現状を見てみることで、少し気がラクになってゲーム感覚で冷静に状況を判断できる。

他にも、「**自分は2年前のあの日に死んでいたはずで、今生きているのはボーナスステージ的なオマケだ**」と思ってみるのも有効だ。自分がもともと死人だと思えば、怖いものはない。

ゲームとして楽しむためにもう一つ大切なのが、「達成感」だ。

世の中で売られているゲームは、飽きずに長く遊んでもらうために、楽しむための細かい仕組みを制作者が用意してくれている。

たとえば、次のような感じだ。

- **気持ちいい効果音で作業に爽快感を与える**
- **点数や実績メダルで進行度や達成度を表示し、こまめに適度な達成感を与える**
- **ログインボーナスなどで、毎日続けると得をするような仕組みを作る**
- **他人と比べることで競争感を煽《あお》る**

そういった、よくできた仕組みが整備されているせいで、なんとなくゲームを毎日続けてしまうのだ。

だけど、勉強ではそういう仕組みが用意されていない。

だから、「**ある程度進んだら自分にご褒美をあげる**」とか「**やるべきことが終わったらそれを書いたメモをグシャグシャに破り捨てる**」など、自分で達成感や爽快感を感じる仕組みを作ってやる必要があるのだ。

その3

「楽しいことだけ」やる

「必要なときの必要な知識」はおいしい

最後に3つ目の軸、「楽しいことだけ」について。

基本的に勉強というのは、自分が楽しいと思うことだけやればいい。これは勉強に限らず、すべてのことに言えるかもしれない。

野菜をしばらく食べていないとすごく野菜が食べたくなってきて、そういうときに野菜を食べるととてもおいしく感じる。無茶苦茶喉が渇いているときに水を飲むとすごくおいしい。

人間の体は、自分に必要なものはおいしく楽しく感じるようにできているのだ。

知識についても同じで、そのときの自分に本当に必要な知識を得る作業は楽しい。

もし勉強が楽しくないのだとしたら、その知識は自分には必要ないのかもしれない。

本当は必要ないのに、「人に言われたからやる」とか「みんながやっているからやる」という理由でやっているからじゃないだろうか。

そんな勉強は、やらなくていい。自分が本当に楽しいと思って、本当に知りたいと思うことだけ学ぶようにしよう。

……というのは一面の真理ではある。だけど、楽しいことだけやってうまくいったら誰も苦労はしない、というのも事実だ。

「楽しいことをひたすらやったら、いろいろと成果があがった」というのは理想形だけど、現実はそんな理想どおりにいくわけじゃない。

大事なのは、そうした理想的な状態の感覚を覚えて、その状態を目指しつつも、理想どおりにいかないときもなんとか凌《しの》いでいくという技術だ。

そもそも、何かを調べたりするのを楽しいと思うのには、「慣れが必要」という問題がある。

勉強は楽しい趣味だけど、そのよさがわかるまでには、慣れや訓練が必要な少しハードルが高い趣味だ。

義務教育の意味というのは、授業で教える内容よりも、**「勉強するという〝型〟を子どもに身につけさせる」**というところにある。

スポーツで最初に基本の型や素振りをひたすら繰り返して基礎を身につけるよう

に、椅子に座って机に向かってノートとペン（もしくはパソコンなど）を使う、というのを型として身につけるのだ。

とりあえず、「本を読むこと」や「何かを調べること」に慣れて、それを楽しいと思う感覚を身につけよう。

調べる内容は、「ゲームの攻略情報」でも「プロ野球選手の成績」でも「カレーの作り方」でも「アサガオの育て方」でもなんでもいい。調べるのが苦じゃないような自分の興味のある内容を選ぼう。

何でもいいから何かについて調べること、それを自分なりにノートにまとめたり、実践に活かしたりすること。そして、その一連の作業に慣れること。それが、勉強を楽しむ第一歩だ。

「楽しんでいる人の脳」をコピーしよう

慣れると楽しいんだけど、楽しめるようになるまでに時間がかかるものは世の中に結構多い。

僕は音楽を聴くのが好きだけど、自分の聴き慣れないジャンルの音楽（クラシックなど）は、パッと聴いても何がいいのか全然わからない。いろいろ聴いても全部同じ曲に聞こえる。

でも、**よくわからないながらもずっと聴き続けていると、だんだん耳が慣れてきて、楽しみ方がわかってきたりする。**

僕は最近、サウナにハマっているのだけど、それは『マンガ サ道』というサウナを紹介するマンガを読んだからだ。

それまではサウナって暑くて苦しくて単なる苦行にしか思えなくて、何がいいのかまったくわからなかった。サウナに入っている人は、「全員マゾヒストだ」くらいに思っていた。

だけど、その本を読むと、その筆者も昔はサウナをただの苦行だと思っていた。けれど、あるとき、サウナの気持ちよさに目覚めて、一気にハマったということが書いてあった。

それを読んで、「ホントか？　ホントだったら自分も試してみたいけれど……」と半信半疑ながらサウナに再挑戦してみた。そうすると、最初は苦しかったけれど、我慢して続けてみると、たしかに本に書いてあったような爽快感が体におとずれた。そこから、僕も一気にサウナにハマることになった。

何回もサウナに通っているうちに、だんだんとサウナの暑さや息苦しさ、水風呂の冷たさにも慣れて、苦しさよりも気持ちよさのほうが大きくなるようになってきた。これは、サウナで快感を得る脳の中の神経回路が鍛えられて、その感覚が生まれやすくなってきたということだ。

楽しくなるまでに脳を慣らして鍛えなければいけないものは結構ある。だけど、**楽しくなるまでに時間がかかるジャンルほど、いったんハマると奥が深くておもしろかったりする。**サウナもそうだし、勉強もその一つだ。

僕が体験マンガを読むことでサウナにハマったように、最初はその道を楽しんでいる人のマネをしてみるのがいい。

人間の脳の中には、「**ミラーニューロン**」という、他人の行動をマネしたり共感したりするための神経回路があると言われている。他人の行動を見たり話を聞いたりすると、ミラーニューロンを使ってその他人が行動しているときの感覚を自分の中に取り入れることができる。このミラーニューロンを使うのが、学習には大事なのだ。

とりあえず、人が楽しんで何かをやっている様子を観察して、よくわからないながらもマネをしてやってみる。そのうち慣れてきて、だんだんそれを楽しむコツがわかってくる。

できれば、そのジャンルに詳しい人に直接会って観察したり話を聞いたりするのが効果が高いけれど、**本などを読んで誰かの思考をトレースすることでもある程度はマネができる**。

この本でも僕がどんなふうに勉強を楽しんでいるかを書くことで、できるだけ多くの人にその感覚を伝えたいと思っている。

さて、この本では、今挙げた「習慣の力」「ゲーム感覚」「楽しいことだけ」という3つの軸を基本的な考え方として、どんなふうにラクをしながら勉強を進めていくかというやり方を紹介していきたい。

勉強という趣味のよいところは、一生楽しめて役に立つところだ。

勉強をすれば仕事の役に立って収入が上がったりもするし、人生の問題にぶちあたったりしたときも本を読んだり調べたりすることで、解決策を見つけ出せる。

お金がないときも勉強を楽しむ能力があれば図書館に行ったりネットで調べものをしたりして、いくらでもヒマを潰せる。老後にカルチャースクールや習い事に通ったりする人が多いように、体力や若々しさがなくなってからの楽しみとしても勉強はいい。

勉強のやり方を身につけるのは早ければ早いほうがいいけど、いくつになっても遅いということはない。

一緒に勉強を楽しんでいこう。

序章

知の整理術 4大メソッド

第1章

情報を整理するインプットの技術

第2章

頭を整理するアウトプットの技術

第3章

だるいを解消する モチベーションとスケジュールの技術

付録

序章

知の整理術
4大メソッド

CHAPTER0

メソッド1

デジタルよりアナログ

「五感」を利用する

情報には、デジタルとアナログの2つがある。

デジタルな情報というのは、「0、1、2……」のように一つ一つの数字がはっきりと分かれているもので、アナログな情報というのは、「0と1、1と2の間に無数のグラデーションがあって境目がない」というようなものだ。

一番わかりやすい例は時計だ。デジタル時計の数字は0、1、2と一つずつ数字を刻みながら増えていくけれど、アナログ時計の針は0と1、1と2の間をなめらかに移動していく。

現在の時刻を知るだけなら、デジタル時計でもアナログ時計でもあまり変わらない。

でも、**「時間がどれくらい経ったか」「残り時間はどれくらいか」**など、**そういったことを直感的に把握するには、アナログ時計のほうが優れている。**

単なる数字であるデジタルな情報よりも、針の角度や進むスピードが直感で把握できるようなアナログな情報のほうが、人間の感覚には親しみやすいのだ。

本を読むときに電子書籍より紙の本のほうが記憶に残りやすいのも、紙の本のほうが、装丁や紙の手触り、本の重さ、体積などのアナログな情報が豊富だからだ。

シンプルに覚えたい情報だけを脳に入れるのではなく、色や形、音、触感など感覚的なものをくっつけたほうが印象に残るのだ。

他にも、デジタルだけでなくアナログな要素を使ったほうがわかりやすい例としては、次のようなものがある。

円グラフや棒グラフ

---▶ 数字が並んだ表よりも、全体における割合がパッとわかりやすい

メロディーや語呂合わせ、ダジャレ

---▶ 何かを暗記するときに覚えやすい

音読や書き写し

---▶ 本を読むとき、ただ目で読むよりも覚えやすい。漢字の書き取りをするのも、身体感覚で書き順や文字の構造を身につけるため

ライブ

---▶ 音楽はイヤフォンで聴くより、聴覚だけでなく五感で会場の雰囲気や匂いや空気の振動などを感じられるので感動しやすい

ラクガキ

---▶ もらった名刺に下手でもいいから相手の似顔絵を描いておくと忘れない

「本をかじる」すすめ

僕は冨樫義博《とがしよしひろ》のマンガ『HUNTER × HUNTER』で、クラピカというキャラが「念能力」という超能力を身につけるときの修行の話がすごく好きだ。

クラピカは、念能力で鎖を作り出して自由に操る能力を身につけようとするのだけど、そのときに師匠から命じられた修行内容は、「鎖で遊ぶ以外は1日中何もするな」ということなのだ。

クラピカはひたすら実際の鎖を1日中触ったり眺めたり、重さをたしかめたり音を鳴らしたり、舐めて味をみてみたり匂いを嗅いでみたりする。それを繰り返しているうちに、眠っていても毎晩鎖の夢を見るようになる。そのうち、実際の鎖がなくても鎖の幻覚を見るようになり、幻覚がどんどんリアルさを増していって、最後にクラピカは念能力の鎖を作り出せるようになる。

ここで特に僕がいいなと思うのは、「**鎖の匂いを嗅いだり舐めたりする**」というところだ。

何かのスキルを本当に身につけたいときは、ただ知識や理屈でそれを知るだけではダメで、味覚や嗅覚、触覚、身体感覚などの原始的な感覚を使って体に馴染ませて、それで初めて自分の体の延長であるかのように使いこなすことができるようになる。

知識を覚えるときも同じだ。本に書いてある知識を、「ただ知っている」と「使いこなせる」にはかなり差がある。

知識を使いこなすようになるためには、単に目で見て読んで知るだけではなく、口に出して発声したり、本をいろいろな場所に持ち歩いたり、本の内容を誰かと議論したりして、**知識や情報をアナログな感覚や**

感情と結び付けることで、自分の血肉となって使いこなせるようになる。

極端な話、本を舐めたり噛《か》んだりするのもいいかもしれない。本はべちゃべちゃになるけれど、その分記憶に残ってしっかりと覚えられるだろう。

もちろん、「何でもアナログのほうがデジタルよりもいい」というわけじゃない。アナログ時計よりもデジタル時計のほうが小さいスペースに表示しやすいし、紙の本より電子書籍のほうがすぐにダウンロードできてどこにでも持ち運びやすい。効率という面では、デジタルはアナログよりも優れている。

ただ、何かを強く覚えたいときはアナログな要素を使ったほうがいい。

「どうでもいいことはデジタルで、ここぞというときはアナログで」というように、要所要所でデジタルとアナログを使い分けていこう。

メソッド2

書くと進む

「言葉にする」は偉大な力

僕は何か思いついたことや考えたことは、何でもすぐにツイッターやブログに書くようにしている。

それは、考えていることを言葉にすると、考えが前に進むからだ。

別に、書くのではなく誰かに話すというのでもいいのだけど、書くほうが便利だというのには2つの理由がある。

1. ちょうどよく話を聞いてくれる人が、周りにいないことが多い
2. 書いたものはあとから自分で読み返して、検討し直すことができる

書かないで頭の中でずっと考えているだけだと、同じ思考を何度もぐるぐる繰り返してしまったりしがちだ。

言葉にして外に出すことで、自分の考えを客観視したり、考えの誤りに気づいたりして、その次の段階に思考を進めることができる。

「言語化する」というのは、人間の持っている最も偉大な問題解決能力だ。

言語学でよく言われる、「虹の色の数は言語によって違う」という話がある。

日本語では赤・橙・黄・緑・青・藍・紫の七色に分けるのが一般的だけど、言語によっては六色や五色や三色に分ける場合がある。

これはもちろんどれが正しいのでもない。

実際の虹の色は、赤から紫に向けて少しずつ色が変わっていく無限色のグラデーションだ。

だけど、そうした連続的な状態だと呼び名を付けるのが難しいので、どこか適当なところで区切る必要があって、区切ることで人間はその色を呼んだり活用したりすることができるようになる。

でも、その区切り方は絶対的なものじゃなくて、見る人や文化によってどんなふうにも変わりうるものだ。

言葉を割り当てられる前の世界というのは、不定形で曖昧で複雑すぎるものなのだけど、世界のいろんなものに概念を当てはめて言語化していくことで、人間は世界を取り扱うことができるようになるのだ。

言語化するというのは、「**アナログで連続的な世界を言葉でデジタル化する**」と言い換えることもできる。

先に、「何かを覚える際はデジタルよりアナログのほうがいい」ということを書いたけれど、それとは逆に、「何かを考える際はアナログをデジタルに変換する（＝言

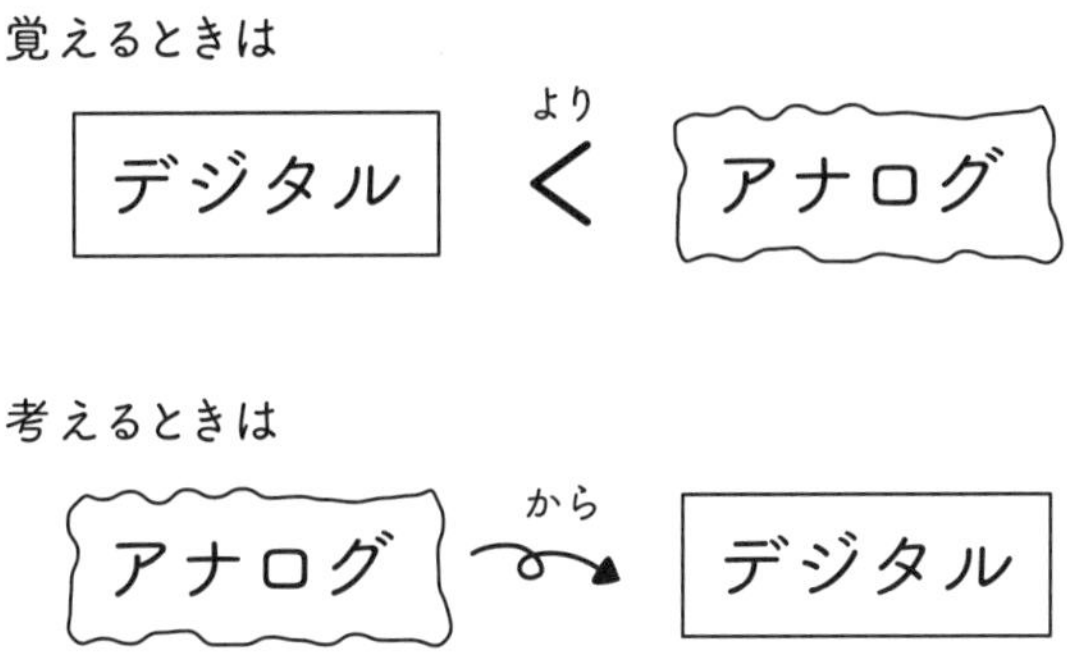

語化する）」ということが役に立つ。

つまり、**勉強というのはデジタル情報とアナログ情報の間をひたすら往復する行為なのだ。**デジタルをアナログにしたり、アナログをデジタルにしたりを繰り返しているうちに、「なんか知らないけど知識が身についている」というのが勉強というものだ。

そう言うと難しい感じに聞こえるので、「アナログをデジタルにする（＝言語化する）」というのを簡単に説明しよう。

「なんかよくわからないけど、今日は調子が悪くて何もする気がしなくてもうだめかもしれない」と思っていると、どうしようもなくて途方にくれるけど、「あ、これは〈風邪〉を引いてるんだ」とわかると薬を飲んだり休息をとったりするという対策ができる。

さまざまな症状の集まりに〈風邪〉という定義を与えて扱いやすくする。それが言語化するということだ。

「何が問題か言葉にできたら、もう半分は解決したようなものだ」とよく言われる。対象を言語化するということは、それくらい大事なことなのだ。

脳内記憶を「拡張」しよう

書くというのは、過去の自分や未来の自分と相談ができるタイムマシンのような行為でもある。

僕は、過去の自分のブログやツイッターを読み返すのが好きだ。「2年前はこんなことがあって、こんなことを考えていたのか」と懐かしく思い出すのも楽しいし、今の自分が忘れてしまったような知識が書いてあって勉強にもなる。

人間の脳はすぐに物を忘れてしまうけれど、別に全部脳内で覚えている必要はない。すぐに読めるところに書き留めておけば、それが自分の脳内記憶の拡張として使える。

文章を書くときは、勢いで書くのもいいけれど、書いたものを人に見せる前にちょっと寝かせてから読み直すのもよい。

少し時間を置いてから見ると、「説明不足だから、もう少し書き足そう」「ちょっと考えが偏っていたかもしれない」と、客観的に調整をすることができる。

「夜中に書いたメールは感情的になっていたりするので、次の日読み直してから送ったほうがいい」ということがよく言われる。

書いたものを読むと、過去や未来の自分とやり取りできるので、一人でいながら誰かと相談するような効果が得られるのだ。

他にも書くことによる効果の例には次のようなものがある。

目標を紙に書いて壁に貼る

---▶ 自分のやるべきことを指導してくれるコーチ的な存在を仮想的に作るのと同じ

絵馬や七夕の短冊に願い事を書く

---▶ 自分の望みをはっきりさせる効果や、手を動かして書くことで望みをより強く自分の中に定着させる効果がある

ネガティブなことを書き出す

---▶ 自分の考えが歪んでいて正しくないことに気づいてラクになったりする
（詳しくは「認知療法」で検索）

人間の脳はすぐ物を忘れるようにできているので、頭の中だけですべてをやっていこうとするのは無理がある。

ノートやネットにこまめに考えや情報を書くことで自分の脳を外部に拡大して、より自由に物を考えることができるようになる。思ったことは何でも気軽に書き散らかしていこう。

メソッド3

情報よりメタ情報

「余談」が記憶を強くする

僕は勉強するときにいつも、「情報よりもメタ情報のほうが大事だ」ということを考えるようにしている。

メタ情報というのは、情報についての情報のことだ。

たとえば、「忖度《そんたく》」という単語の意味を国語辞典で引くと、「相手の気持ちをおしはかること」と書いてある。

だけど、こういった辞書に載っている意味を知っているだけでは、知識として不十分だ。「その言葉がどういうシチュエーションで実際に使われているのか」「どういう種類の人がよく使うか」「この言葉にまつわるできごとには、どんなものがあったか」

など、**そうした言語の意味の周辺の情報をたくさん知っていないと、その言葉を自由に使いこなすことはできない。**

この場合、単語の意味が「情報」で、単語にまつわるその他の情報が「メタ情報」だ。

授業中に余談をしてくれる先生はいい先生だ。

テストには出ないけれど、勉強の内容に関わりのあるちょっとおもしろいエピソードというのがある。たとえば、「微分積分は大砲の弾道を計算するために発達した」とか「石川啄木《いしかわたくぼく》は借金だらけのダメ人間だった」という話を聞くと、そうしたエピソードとセットになって勉強内容が印象に残る。

人間の脳は物語や感情と結び付いたことを強く記憶するようになっているから、余談と一緒に覚えるのは効率のいいやり方なのだ。

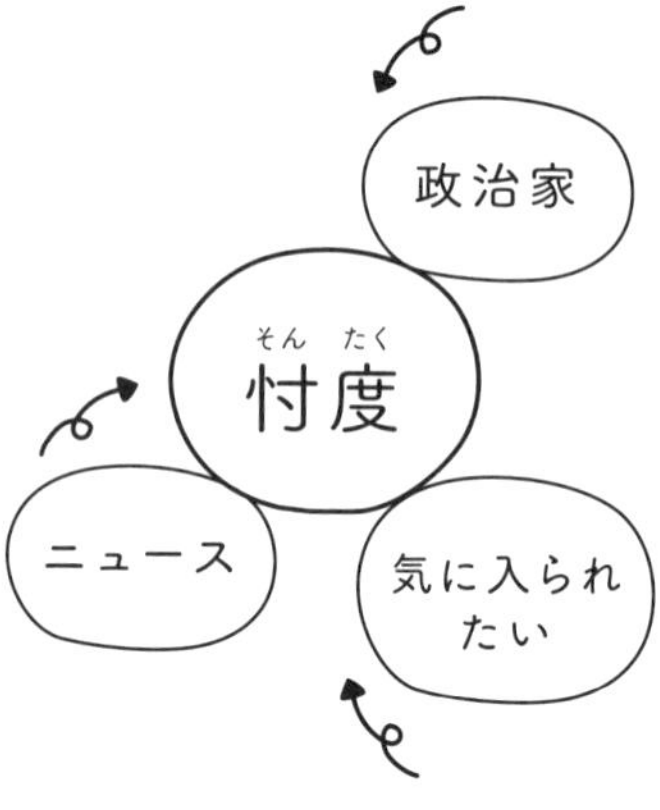

本を「血肉」にする方法

何かを学ぶときは、それに詳しい人と親しくするのがいい。

なぜならば、人間というのはメタ情報の塊だからだ。教科書を読むだけではわからない曖昧な部分は人から直接学ぶしかない。

たとえば法律なら、法律に詳しい人と話して、「詳しい人は普段どんなふうに法律を取り扱っているか」「法律の一番おもしろい部分はどのあたりなのか」「理屈ではこうなっているけれど、実際の運用とは違っている部分はどこか」「専門家の間では法律に関するどんなジョークがよく言われているか」など、そうした周辺情報を得ることで、情報を生きた知識として活用できるようになる。

周りにちょうどいい人がいなければ、ツイッターで普段から法律のことをつぶやいている専門家をフォローするなどもいい。

「文化資本が人の文化度に影響する」と「はじめに」で書いたけれど、それも同じことだ。親から直接勉強を教えられるわけじゃなくても、知識や勉強を大事にする雰囲気や態度を受け継ぐことで、自然に勉強の得意な子が育ったりするのだ。

他にも情報よりメタ情報が大事な例として、次のようなものがある。

ツイッターなどで流れてくるニュース

---▶ ニュース自体を見なくてもそれに対する人の反応を見ていればなんとなく内容がわかる

友達から借りた本

---▶ 本の内容がその友達と結び付くので、記憶に残りやすい

昔に訪れた場所

---▶ そこに行くと、そのときの記憶がよみがえりやすいのは、記憶はその場所の雰囲気などとセットで記憶されているからだ

そもそも勉強というのは、本に載っている情報に自分なりのメタ情報を付け加えていく行為だ。

本に載っている無味乾燥の情報に、自分なりの思い入れや思い出や思想などを絡《から》ませながら、自分の中の血肉としていく。無色透明の情報に自分なりの色を付けていく。

そうやって得た情報だけが、長期的に自分の中に残り、自分の武器として活用できるようになる。情報を自分のものにするというのはそういうことなのだ。

メソッド4

制限は力

欠損はときに「天才」を生む

行動の選択肢というのは、基本的には多いほうがいろいろなことができていい。だけど、**選択肢が多すぎて何でもできると、逆に何をしたらいいかわからなくなってしまう**、ということもよくある。

できることが限られていたり、できないことが多いほうが、かえってやれることとやるべきことが限定されて、それに集中できる。

だから選択肢が少ないとき、それを嘆くのではなく、その状態でできることに集中するのが大事だ。むしろ、制限のある状況はチャンスかもしれない。

大人になってから読んだ本よりも、子どもの頃に読んだ本のほうが、強く印象に残っている、というのはみんな覚えがあるだろう。

その理由は、子どもの頃は得られる情報が限定されているので、1冊1冊の本に今より深く集中できたからだ。

月に10冊本が買えるときに買った本よりも、月に1冊しか本が買えないときに買った本のほうが、**「1冊を慎重に選ばないといけない」「1冊しか買えない中で買ったのだから、真剣に読もう」という気持ちが入るので、嫌でも記憶に定着する**。

人間の処理能力は有限なので、目の前にあまりにも多くのものがあっても、それを活用しきることはできない。

今の社会はただでさえ情報が溢《あふ》れすぎていて、何を見たらいいのかすぐわからなくなるので、ときどき見る範囲を限定するくらいでちょうどいいのかもしれない。

また、自分にできないことが自分のやるべきことを決めてくれるというのもある。
僕が文章をわりと書けるようになったのも、しゃべるのが昔から苦手だったせいだ。**口でスラスラと思っていることをすべて表現できる人間だったなら、今頃文章なんて書いていなかっただろう。**

他にも、音楽を作るとき、ギターやピアノなどの楽器を使ってメロディーを作ると、物理的に指で押さえられないような音は出せないので出せる音が限定されるし、楽器上で指が動きやすい動き（手癖という）に従ったメロディーができやすくなる。

楽器を使わず、パソコン上のソフトで作曲して音を出すと人間には演奏不可能な音をいくらでも自由に出せるので、実際の楽器を使う場合よりも自由度が高い。

だけど、あまりにも自由に何の音でも出していいとなると、逆にどんな音を出したらいいかわからなくなったりする。楽器や人体の構造的な限界で決まる部分や、手癖で弾く部分があったほうが、それが一種の味になったりもするのだ。

できないことがあったほうが逆に個性が出る。自分にできないことが自分のやることを決めてくれる。

世の中の天才と呼ばれるような人は、結構変人ばかりで、一般的な人が持ち合わせている常識や事務処理能力が欠けていることがよくある。だけど、**そうした欠落があるからこそ、彼らは特定の部分に集中して、ある部分で才能を表すことができるのだろう。**

だから、自分の欠落は不幸ではなく、むしろ自分のやることを決めてくれる個性だと考えるのがいい。

どんな状況でも楽しめるか？

僕が料理を作るときに一番好きなのは、「冷蔵庫の余り物を組み合わせて料理を作る」という作業だ。いろいろ工夫をすることで、あり合わせのものを組み合わせてそれなりの食事を作れるとすごく満足感がある。

逆に、「スーパーに行って好きな食材を何でも買って作っていい」となると、何を作ったらいいか選択肢が多すぎて決められなくて途方に暮れる。そういうときに、「今日はこれがセール」「今はこれが旬」というのを教えてもらえると、選ぶのがラクになってほっとする。

想像力や創造性というのは、限られたリソースの中で何とかやりくりしようとするときに生まれる。

人生において、すべての状況が自分の自由になることなんてない。時間やお金、場所、仕事、義務などに制限されて自由に動けないことがほとんどだろう。だけど、その制約を単なる枷《かせ》だと思うのではなく、その制約の中でどう工夫すればやっていけるかを考え、それを楽しめるようになれば、どんな状況でもやっていけるようになる。

手持ちの武器はいつだって限られているものだけど、その中で戦っていくことを楽しもう。

選択肢が少ないほうがうまくいくパターンとしては、他にも次のようなものがある。

外で勉強

---▶ 家だとつい遊んでしまうけど、図書館やカフェだと他にすることがないので集中できる

〆切

---▶ 時間が無制限にあるよりも、制限時間が決まっていて、それが近づいているほうが仕事もはかどる

予算

---▶ 財布にたくさんお金を入れておくより、少ししか持ち歩かないようにしたほうが重要度の低いものを買わなくなる

とはいえ、選択肢が多いほうができることが増えていいという場合もたくさんある。できるだけ選択肢の多さを求めつつも、選択肢が少なくても不満を持たず、その状況を活用するという姿勢が一番いいだろう。

以上が、僕が勉強において最も大事だと考えている4大メソッドだ。この4大メソッドは、この本の中で繰り返し何度も出てくることになるので、内容を忘れてしまったら何度もこの序章に戻って読み直してほしい。

さて、この先の流れについて簡単に説明しておきたい。

第1章では、情報の「インプット」について書いていく。とにかくインプットこそが勉強の基本中の基本だからだ。

第2章では、その情報の「アウトプット」について説明する。アウトプットをこまめにすることで、インプットの効率も上げることができる。

第3章では、「モチベーション」と「スケジュール」について書く。やる気がしないときどうすればいいかは、勉強のやり方と同じくらい重要だろう。

最後に付録として、楽しみながら読めて勉強になる「マンガ」を紹介する。やる気がなくても教養が身につく作品を選んだので、気分転換に読んでほしい。

また、この本は、最初から順番に読む必要はない。どこからでも読めるように作っているので、興味のあるところをパラパラとめくって読んでもらえばいいと思う。

第 1 章

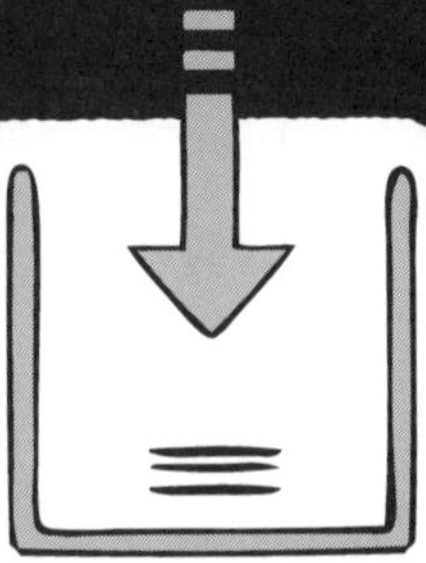

情報を整理するインプットの技術

CHAPTER 1

インプット1

記憶までのショートカット法

勉強というのは、要は「情報を脳にインプットする」ということなんだけど、このインプットには３つの段階がある。

1
興味を持つ
興味がないものは
頭に入らない
2
読む
情報を脳に
インプットする
3
覚える
その情報を
脳に定着させる

この3つを順番に見ていこう。

ステップ1　まずは「興味を持つ」こと

まずは「1 興味を持つ」についてだ。

最初から勉強する内容に、すでに興味がある場合はラッキーだ。この段階は飛ばして次に進もう。

しかし残念なことに、人生では興味のないことについて勉強しなければならないという場合が多い。めんどくさいけれどしかたない。**自分が興味のあるものだけをずっと見聞きしているとだんだん世界が狭くなっていくものだし、興味の幅を広げるよい機会だと思って諦めよう。**

僕はわりといろいろな方面に興味があるほうだと思うけれど、それでも全然興味が持てないジャンルは結構ある。たとえば、コンクリートの耐久性や円高ドル安の仕組み、宝塚歌劇団の歴史などにはあまり興味がない。

そういうときに考えるといいのは、「**自分にとってどんなにおもしろくなさそうな物事でも、それをおもしろがってやっている人間がたくさんいる**」ということだ。だからこそ、そのジャンルは世界に存在している。

自分にはチンプンカンプンな専門用語を、イキイキと楽しそうに使いながら話している人たちが世界にはたくさんいるということを想像しよう。

そのジャンルに詳しい人は、どういうところにおもしろさを見出しているのだろうか。どういう雰囲気や距離感でそれに付き合っているのだろうか。

まずは勉強する対象よりも、**それをおもしろがってやっている人を見ることで、その世界の空気をつかむことを目指そう**。そうすると、それをおもしろがるポイントをつかみやすくなる。

身近にそれに詳しい人がいるなら、話を聞いたり一緒に行動したりしてみるのがいい。ツイッターで詳しそう

な人をフォローしてみるのもいい。そうすると、「本ではきっちり書いてあったけれど、現場の人たちは、実際はわりと曖昧にやっているんだな」みたいな「現場の空気感」がつかめる。

僕は将棋の対局を観戦するのが趣味だ。だけど、プロの指し手というのは、自分みたいな棋力が低い人間が見ると意味や意図がわからないことが多い。

それでも観戦を楽しめるのは、そこに解説者がいて、「この手はこういう狙いがあります」とか「おおっ、これは勝負手です！」などと解説してくれるからだ。素のままでは楽しめないものも、詳しい人が解説してくれることで楽しみ方がつかめるようになってくるのだ。

メソッド3で説明したように、情報というのは、その情報だけではなく、その情報に関する情報、いわゆる「メタ情報」を組み合わせることで、よりわかりやすくなる。

また、僕が何かを初めて勉強するときによくやるのは、「**そのジャンルについてのマンガを読む**」ということだ。

今は結構どんなマイナーなジャンルでも、それを題材にしたマンガがある。行政書士マンガの『カバチタレ！』や電子工作マンガの『ハルロック』などだ。それから、「まんがでわかる素粒子物理学」みたいな入門書もたくさん出ている。

マンガは、絵とキャラクターの力のおかげでとても読みやすく情報を得られるメディアだ。ちょうどいいマンガがない場合は小説や映画などでもいい。

あるいは、雑誌を買ってみるのもいい。マイナーな雑誌に載っている特集や広告や読者投稿を見ると、その世界の雰囲気を垣間見ることができる。

そのジャンルの専門用語を覚えるのもいい。言葉というのは人間が世界を把握するためのツールだから、専門用語というのはそのジャンルの人が共有している世界観を表している。僕は将棋が好きなんだけど、将棋の解説で使われる、「これは『やってこい』という手ですね」や「これはどちらかが倒れていてもおかしくありません」といった独特の用語が好きだ。

専門用語が多用される会話を聞くと、最初は「何を言ってるかわからないし、気持ち悪い」と思うかもしれない。だけど、だんだん雰囲気に慣れてくると、専門用語をそれっぽく使いこなして話すのが楽しくなってくるはずだ。

ステップ2 「知識をかきまぜる」ように読む

次に、「2 読む」について見ていこう。

「下等な生物ほど記憶が正確だ」という話がある（池谷裕二《いけがやゆうじ》『進化しすぎた脳』より）。

ちょっと意外だけど、**正確すぎる記憶というのはあまり役に立たなくて、曖昧な記憶のほうが実用的なのだ。**

どういうことかというと、たとえば、ある虫が、夕暮れ時にAという地点で鳥に襲われかけたけれど、間一髪で逃げ延びたとする。こうした記憶を持っていることは、次の危険を避けるために大事なことだ。

この場合、正確な記憶というのは、「〈夕暮れ時〉に〈A〉という地点で〈鳥〉に襲われる（だからそういうときは警戒しよう）」というものだ。

だけど、記憶が正確すぎると、似たシチュエーションの場合に応用が利かなくて、〈夕暮れ時〉以外だったり、〈A〉以外の場所だったり、〈鳥〉以外に襲われたりする

1

2

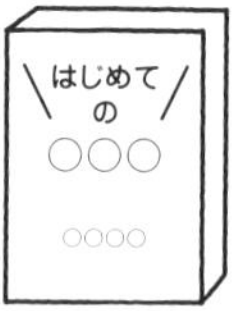

初心者向けの本を2冊（それぞれちょっと雰囲気が違うやつ）

＋

3

そのジャンルについて書かれた
エッセイなどの読み物的なもの1冊

3冊のうち1つは本ではなくウィキペディアなどネットの情報でもいいし、関連するマンガを読むのも有効だ。

ときは、警戒ができなかったりするのだ。

だから、「なんかこういう感じの時間や場所は危険だ」とか「なんか大きいものが動いたらとりあえず警戒しよう」とか、それくらいの曖昧でぼんやりした記憶のほうが役に立つのだ。

そうしたことをふまえて、**僕はまったく知らないジャンルについて勉強するときは、本を最低3冊読むようにしている**。そうすると、知識がちょうどいい感じに曖昧になるからだ。

1冊の本しか読まない場合だと、どんなに読んでも、その本の文章を丸覚えすることしかできない。

それだと、本の内容をそのままコピーして話すことはできても、自分の言葉で語るのは難しい。

さらに、本の著者の意見というのは、どんなにいい本でも著者による偏りがあるものだけど、1冊しか読まないとその偏りにも気づくことができない。

2冊以上本を読むと、「Aさんはこう言っていたけど、Bさんはちょっと違うニュアンスのことを言っていた。まあ、解釈が分かれるところなんだろうけど、とりあえずAとBの中間くらいに考えておこうか」という感じで、知識に曖昧さが出てくる。そして、3冊以上読むと情報がいい感じに自分の中でかきまぜられてぼやけてくる。

勉強というのは、そういった雰囲気や曖昧な空気をつかむのが大事だ。

その世界の雰囲気をつかんでしまえば、勉強したことを自分なりの言葉で説明できるようになってくるし、そうすれば、勉強した知識を自分なりのやり方でうまく活用できるようになる。

ステップ3　「牛の消化」みたいに覚える

最後に、「3覚える」について説明しよう。

つい昨日に勉強したことを、翌日になったらすっかり忘れてしまっていて、「ああ、自分はなんて記憶力が悪いんだろう」と思ったことは誰でもあるんじゃないだろうか。僕もしょっちゅうある。

でも、そこで落ち込む必要はまったくない。人間は物を忘れてしまうのが普通で当たり前なのだ。忘れてしまったらまた覚え直す。それを繰り返すことで、そのうち記憶が定着する。

知っておくといい知識として、「記憶には2種類ある」ということがある。

・長期記憶
・短期記憶（ワーキングメモリ）

長期記憶というのは、何日経ってもずっと覚えている記憶のことだ。普通、日常会話で記憶というと、こちらのことを指していることが多い。

短期記憶というのは、その場では覚えているけれど、数時間や数日経つと忘れてしまう記憶のことだ。

たとえば、「昨日何を食べたか」「今朝道を歩いているときに何を見たか」など、そういう感じの記憶で、**そういうのをすべて覚えていると頭がパンクしてしまうから、すぐに忘れるような仕組みになっている**。この短期記憶は、何か作業をするときに使うのでワーキングメモリとも呼ばれている。

パソコンに詳しい人なら、ハードディスクとメモリの関係と言うとわかりやすいかもしれない。長期記憶がハードディスク（全部でどれだけ覚えられるかに関わる）で、短期記憶がメモリ（作業の効率のよさに関わる）だ。

何かを勉強して覚えるというのは、本を読んだりして頭の中の短期記憶に入った情報を、長期記憶に移し替えるということだ。

しかし、短期記憶から長期記憶への移行はなかなか難しい。短期記憶を長期記憶にすることには海馬という脳の器官が関わっているのだけど、結局は「**脳へのインプットを何度も繰り返すしかない**」と脳科学では言われている。

だから、勉強した内容を「覚える」ためには、とにかく何回も勉強を繰り返すしかないらしい。

勉強は「3歩進んで2歩さがる」くらいでちょうどよくて、忘れるたびに同じルートを何度も繰り返したどることで、そのうち身についてくる。地味で地道でめんどくさいけれど、これはもうしかたないと思って諦めよう。

牛が食べたものを何度も反芻《はんすう》して消化するように、読んだものをもう一度読んだりわかったことを書き出したり自分が書いたものをまた読んだりを何度も繰り返すことで、情報が自分の血肉となってくる。

インプット2

記憶を強めるテクニック集

ここまで、記憶するまでのショートカット法の3ステップを説明してきた。けれど、この3ステップはあくまで基礎的な考え方なので、実際に活用するためにはもう少し具体的なテクニックに落とし込む必要がある。

ここからは、さらに記憶を「強固にするため」の5つのテクニックについて紹介しよう。

テク1　ノートを読み返す

勉強のノートというのは、書いただけでは意味がない。ノートは何回も読み返すためにとるものだ。

そもそもノートやメモというのは、頭の中の内容をとりあえず紙の上に移動させることで、一時的に頭をラクにしてやるためのものだ。

つまり、短期記憶（ワーキングメモリ）を空っぽにすることで、作業効率や集中力を維持しながら勉強を続けていくためにノートをとるのだ。

ここで重要なのは、**ノートをとっただけでは長期記憶には繫《つな》がらないということだ。**

単にメモをとった場合とメモをとらない場合では、「とったほうが記憶に残らない」という実験結果もある。メモをとったことで、「これで覚えていなくてもいい」と、安心してしまうせいだろうと言われている。

メモはとるだけではなくて、何度も読み返さないと意味がない。書いただけのものはすぐにどんどん忘れていく。学んだ内容を長期記憶に保存するには、何度も情報のインプットを繰り返す必要がある。

本当はノートを読み返すよりも、一度受けた授業をもう一度受けるとか、読んだ本をもう一度読むとかしたほうが勉強になるだろう。だけど、それは時間や手間がかかりすぎてしまう。

そこで、ノートを読み返すことで復習するのだ。1時間かけて受けた授業や読んだ本でも、ノートを読み返すだけなら5分くらいで読めるので手軽だ。

僕は本を読んだとき、覚えたい箇所に付箋を貼るのを習慣にしているのだけど、これも、あとから読み返すためだ。

本当は本全体を何度も読み返したほうがよいのだけど、それはさすがにめんどくさいし時間がかかるので、付箋を貼った場所（とその前後）だけを読み返すようにしているのだ。

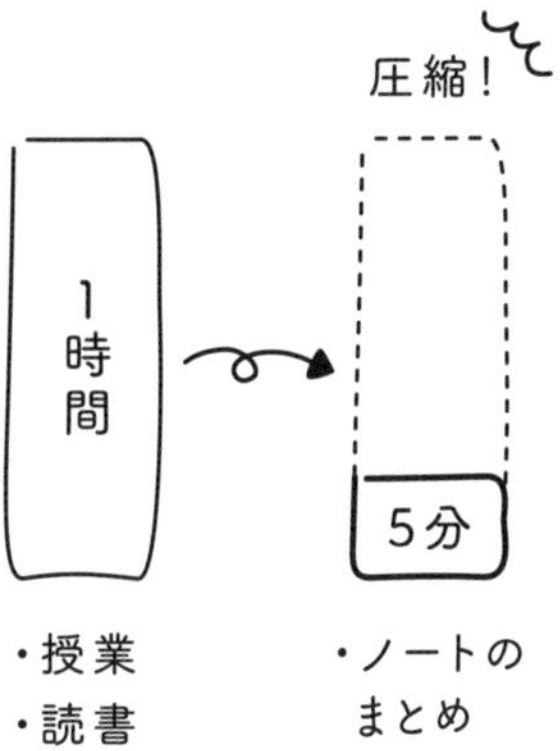

復習というものは長時間やるよりも、短時間のものを何度も繰り返したほうが記憶に定着しやすい。

嫌にならない程度の軽い復習を何度もちょこちょことやってみよう。

また、僕がメモやノートをとるときに心がけているのは、「ストックとフローをきちんと区別する」ということだ。

ストックというのは長期的に残っていくもののことで、フローはどんどん流れていくもののことだ。**この2つをきちんと意識すると、メモやノートをとるのが効率的になる**。

ネットでいうと、書いたものがどんどん流れていくツイッターがフローで、書いたものが溜まっていくブログがストックだ。

頭の中のものを、とりあえず書きとめておくメモを作る。これがフローだ。このときに書くものは、雑で整理できていない感じで構わない。見やすさやわかりやすさを最初から考えながら書くとスピードが落ちるのでどんどん書いていく。

そして、しばらくしてから整理することで、知らない人（未来の自分も含む）が見てもわかるようなものを目指して、もう一度きちんとしたノートを作り直す。これがストックだ。

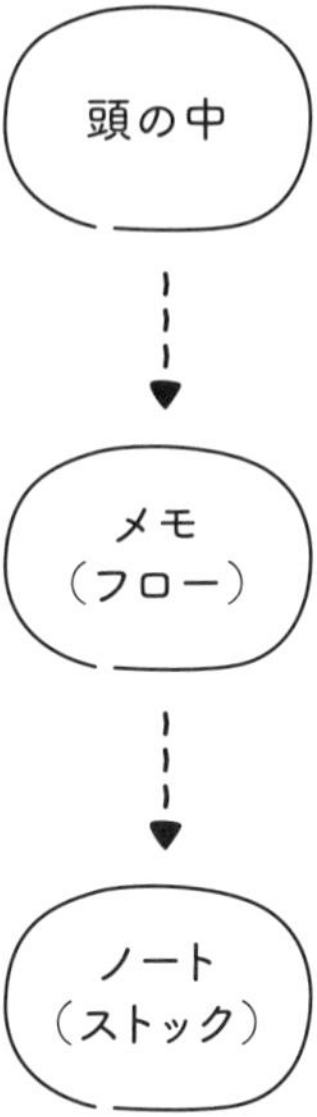

フローの段階で書きとめた雑なメモは、時間が経つと自分でもどういう意味かわからなくなってしまうので、**できるだけ早いうちに、遅くとも数日以内にフローからストックに移す作業をするようにしよう**。

フローからストックに移す作業をすると、そのときに学んだ内容を全部おさらいすることになるので復習としてもちょうどいいのだ。

テク2　ぼーっとする

何かを覚えるには、勉強をするだけじゃなくて、それをまとめたノートを読み返して復習することが大事だ、ということを先ほど述べた。そして、復習と同じくらい僕が大事だと思っているのが、何も考えずにぼーっとする時間だ。

頭に情報をインプットし続けるだけでは、頭の中が情報でいっぱいになってわけがわからなくなってしまう。その情報を頭の中で整理するために、勉強したあとには情報のインプットを減らしてぼーっと何も考えない時間が必要なのだ。

物を食べたときにそれを消化して体の一部に取り込むのに時間がかかるのと同じで、**頭の中で新しい情報を消化して自分のものにするのにも、しばらく時間がかかる。**

ぼーっとしている時間に、頭の中の倉庫番が荷物の整理をしてくれている、というようなイメージを持とう。

ぼーっとする休憩の時間は、本当に何もする必要はない。新しい情報をインプットしたり、頭を使ったりすることはやめよう。静かな場所で横になったり、お風呂に入ったり、のんびりと散歩をしたりすればいい。

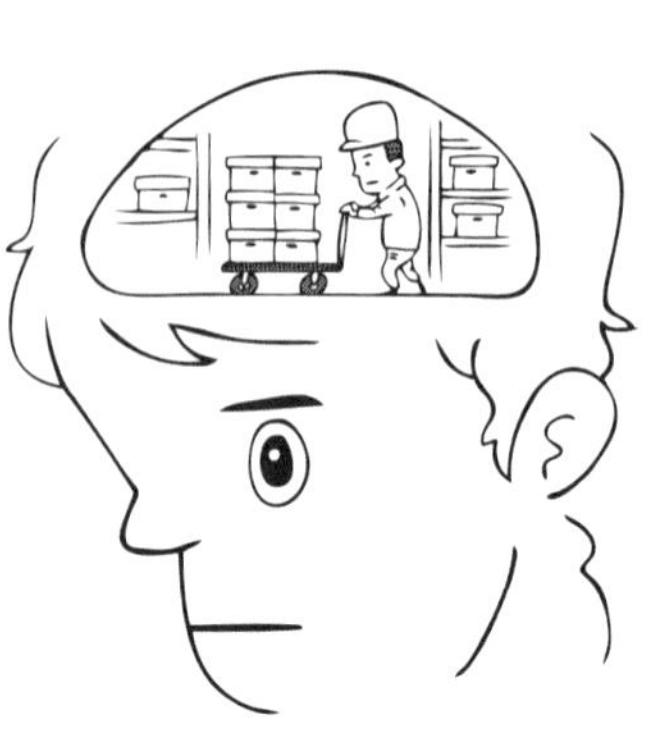

あるいは、寝るのもいいだろう。そもそも、眠っているときに夢を見るのは、「起きているときに入ってきた情報を、脳の中で整理するためだ」と言われている。だから、眠る前に勉強をすると、その内容が寝ている間に整理されるのでちょうどいい。**寝るときやぼーっとする予定があるとき（電車で長時間移動するなど）は、その前に頭の中に覚えたいことや考えたいことをインプットしておく**、というのをやっておくと効率がいい。

テク3　覚えたいことを抱えて散歩する

僕は何かを覚えたいときは、まず本を読む。

そして本を読むのに疲れたら、覚えたいことを3つ選んで紙にメモして、その紙をポケットに入れて散歩することにしている。

近所をふらふら歩きながら、勉強したことはいったん忘れてぼーっとする。先ほど書いたように、この「ぼーっとしている時間」に、頭の奥のほうで無意識にさっきインプットしたことが整理されていくのだ。

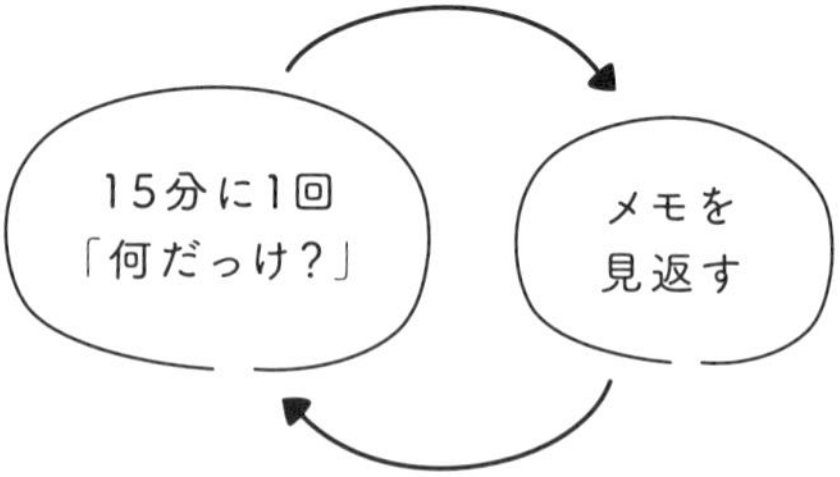

歩くのはとてもいいことだ。体を軽く動かすことで頭が回る感じがするし、景色が変わるので気分転換にもなる。僕の感覚としては、**歩くときのリズミカルな振動で、頭の中でごちゃごちゃに絡まった考えや情報がだんだんほぐれていって、自然と整理されていくような感じ**がある。

そして、散歩中にときどき（15分に1回くらい）、「さっき覚えようとした3つのことは何だったかな」と思い出してみる。

3つとも全部スッと思い出せれば問題ない。思い出せないときは、紙に書いたメモを見直してみる。

これを何回も繰り返す。

長時間ずっと勉強するよりも、短時間の復習を何度も繰り返したほうが頭に残りやすい、と前に書いたけれど、そういった意味でも、「散歩しながらときどき見る」という方法はちょうどいいのだ。
このメモは、そこに書いたものを見なくても完全に思い出せるようになるまで、ずっとポケットの中や財布の中などに入れておくようにしている。

一度に覚える内容が「3つ」というのには理由がある。
1つや2つでは少なすぎて勉強の効率が悪いし、4つだと多すぎる。3というのは人間が直感的に把握できる最大の数なのだ。
それは、数字の成り立ちを見るとわかりやすい。

漢数字　　　：一、二、三、四、五……
ローマ数字　：Ⅰ、Ⅱ、Ⅲ、Ⅳ、Ⅴ……
アラビア数字：1、2、3、4、5……

アラビア数字の2と3は、もともとは線を横に2本書いた「二」みたいなのと、線を横に3本書いた「三」みたいなものを、草書体のように崩して繋げて書いたものだ。

つまり、どの数字も1から3までは、線を単に1本、2本、3本と並べて書いたものなのだけど、4からはどの数字も別の表記方法を使っている。これは、人間が直感的に把握できる数が3つまでだからなのだ。

だから、何かを一度に覚えるときは3つまでにしよう。4つ以上にしたとたんに難易度が高くなってくる。

テク4 自然に目に入るようにする

「覚えたい内容を紙に書いてよく見るところに貼っておく」という方法をやっている人は多いだろう。僕も、机の前やパソコンのモニターに付箋を貼ったりしている。

本を部屋の中のよく見る場所に置いたり、カバンの中にいつも入れて持ち運ぶのもいい。**物理的な本の存在感や重量感が、「ああ、あの本を読まなきゃな」という気にさせてくれる。**

僕はこの、「なんとなく目に入るようにして覚える」というのをインターネット上でもやっている。

どうやるのかというと、ツイッターで興味のあるジャンルについてつぶやいているアカウントをフォローするのだ。

そうすると、ツイッターを開くたびに自然にそのジャンルの情報が目に飛び込んでくる。英語を勉強したい場合などは、何でもいいから英語でつぶやいているアカウントをフォローすればいい。

フォローするアカウントは、人間の場合もボット（bot）の場合もある。

ボットというのはロボットみたいなもので、設定された内容を自動的につぶやき続けるプログラムのことだ。

ボットは結構簡単に作れるので、いろいろな種類のボットがツイッター上では動いていて、その中には世界史 bot や民法 bot など、勉強に関連するボットも多い。

1時間に1回や30分に1回、それぞれのジャンルについての知識を一つず

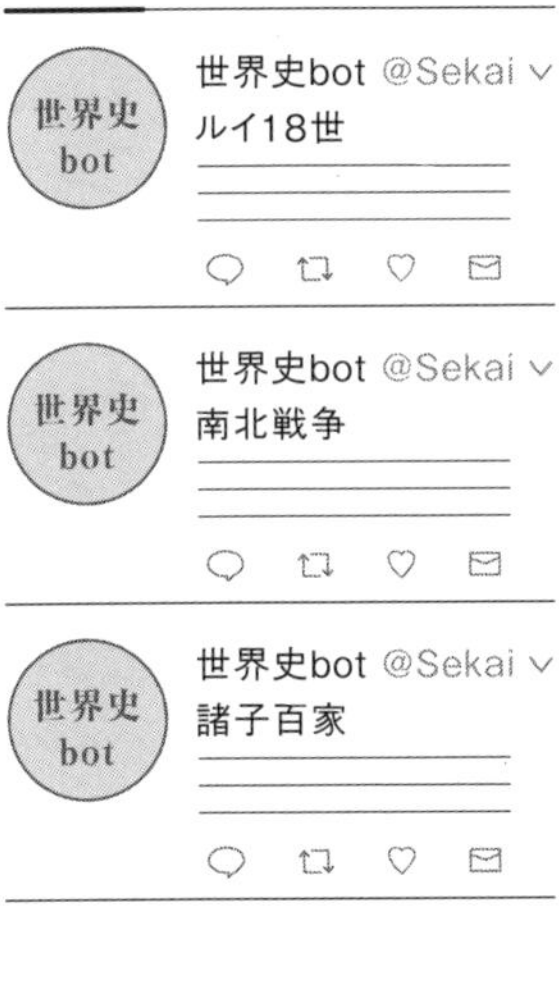

つつぶやいてくれるので、フォローしているだけでなんとなく勉強になる。

ちょうどほしいボットがない場合は、自分で作るのもいい。プログラミングができなくてもボットが作れる「twitbot」などのウェブサービスがあるので利用してみよう。

ただ注意しなきゃいけないのは、「**人間はすぐ刺激に慣れる**」ということだ。人間の脳はものすごく飽きっぽい。

部屋の中の目立つところに紙を貼っても、2週間もすると慣れてしまって、いつの間にか自動的にそれを無視するようになってしまう。ツイッターでボットをフォローしても自動的にそれを読み飛ばすようになる。

この「飽き」を防ぐためには、常に変化を加え続けるしかない。

つまり、紙を貼る場所を定期的に変えたり、紙の色や大きさを変えたり、ツイッターでもフォローする相手をときどき替えたりするなど、そういう感じだ。勉強というのは、情報を無視してラクしようとする「脳の飽きやすさ」との終わりなき戦いなのだ。

テク5　ネットからのインプット

ネットが普及した現代の一番おもしろいところは、誰でも情報発信ができるようになったことだ。

ネットが一般化する以前は、意見やニュースを世の中に発信できるのは、テレビ・新聞・雑誌などのマスコミだけだった。それ以外の一個人が何かを世に訴える手段はほとんどなく、情報というものはマスコミから個人へと一方通行で流れるだけだった。マスコミが取り上げて商売になるような話題は限定されているので、世の中に流れる情報は、今よりも狭い範囲で偏っていた。

それが今ではネットのおかげで、どんなマイナーな話でも些細な話でも、誰でも無料で気軽に考えていることを全世界に向けて発信できるようになった。

今の時代はもう、テレビも新聞もブログもツイッターも全部、情報源の一つとして並列している。これは歴史上初めてのとても特殊な時代だ。僕はそんな状況が楽しくてたまらない。

ただ、誰でも情報を発信できるようになったことの弊害もあって、それは「情報が

多すぎる」ということだ。

テレビしかなかった時代なら、チャンネルは10個もなかったからどれを見るかにそんなに迷わなかったけれど、誰でも発信できる時代では、見るものが溢れすぎていてどれを見ればいいかよくわからない。

「誰でも気軽に発信できる」ということは、「内容がどんなにデタラメでも発信できる」ということでもあるので、ネット上の情報には嘘《うそ》や間違いも多く玉石混交だ。見る価値のないようなゴミ情報も非常に多い。

そこで必要となるのが、「キュレーター」と呼ばれる人の役割だ。

キュレーターというのは、元々は美術館にどんな作品を置くかを選定する人のことだったのだけど、最近ではネット上に無数にある情報からおもしろいものを選んで紹介してくれる人がそう呼ばれている。

自分のお気に入りのキュレーター的な人を数十人くらい持っておくと、ネット経由

で情報を得るのがすごくはかどる。

おもしろそうな人や興味深い人がいたら、その人をツイッターなどでフォローしてみよう。そうすると、その人が興味を持っている情報が自分のタイムラインに流れてくるようになる。

ちなみに、僕がヒマ潰しにネットで見る場所は、ツイッター、はてなブックマーク、タンブラーなどなのだけど、それら全部に共通しているのは、自分の好きな人をフォローして自分だけのタイムラインを作れるというところだ。

誰をフォローしたらいいかよくわからないという場合は、とりあえず僕（@pha）や僕がフォローしている人をフォローしてみるといいかと思う。

おもしろい人を1人見つけたら、その人が

フォローしている人やその人が見ているサイトなどをチェックしていく。**そうやって人から人へと辿《たど》っていくうちに、情報がどんどん入ってくるようになるはずだ。**すべての情報というのは単独で存在しているものではなく、芋づる状に繋がっているものだからだ。

誰か他の人経由で得る情報がおもしろいのは、その情報が情報単体ではなく、誰かのコメントや感想などのメタ情報付きで流れてくるところだ。前にも書いたけれど、情報はメタ情報込みで見たほうが頭に入りやすい。

特に、メタ情報の見応えがあるのが、はてなブックマーク（通称「はてブ」）だ。はてブはウェブの特定のページをブックマークするサービスなのだけど、ブックマークするときにみんなが一言コメント（通称「ブコメ」）を付けたり、おもしろいブコメにはスターがたくさん付いたりして盛り上がったりしている。

記事単体ではおもしろさがわかりにくいときにも、人気になっているブコメを見ると理解できたりするし、記事を読むのが面倒なときは、ブコメのページだけを見て記事は読まずに済ませたりする。

情報をざっくり取り入れたいときはブコメだけをざっと見て、その中で気になったものだけ本体を読む、みたいなのが僕の主な使い方だ。

はてブの「お気に入り」と「人気エントリー」の欄を見ていれば一通りの情報は入ってきて退屈しない。

ネット情報のよいところは、リンクを辿っていけばさまざまな情報がいくらでも繋がって出てくるところだ。わかりやすい例としては、ウィキペディアのリンクで、これをひたすら辿っていろんな記事を読むのはすごく楽しい。

情報からメタ情報を辿っていったり、キュレーター経由で馴染みのない情報を知ったり、ふと気になった単語を検索して今まで知らなかった世界に触れたりする。

そんな情報のるつぼであるインターネットが現代はタダ同然で使えるのだから本当にいい時代だ。ネットの情報の海を泳いで楽しむやり方を身につければ、この先ずっと退屈することはないだろう。

インプット3

「紙の本」活用法

ネットより、電子書籍より、紙の本

ネットは情報ツールとしてとても優れているのだけど、何かを深く勉強しようと思うと、やはり本を読むことは避けて通れない。

僕は常にインターネットに繋がる環境にいないと不安になるような「ネット人間」だけど、それでも勉強という点については、ネットより本のほうが優れていると言わざるをえない。少なくとも今のところはだけど。

情報のストックとフローで言うと、ネットの情報はどんどん流れていって消えていくフローで、ある程度まとまった情報の本という形態はストックである。

僕がいろいろと知識を蓄えたり物を考えたり、本やブログに文章を書いたりできるようになったのは、すべて読書を趣味としていたおかげだと言える。

今、僕は月に大体10~15冊くらいの本（マンガは除く）を読んでいるのだけど、普段から本を読むようにしていないと文章を書くことができないと思っている。**大量の文章を自分の中にインプットすると、それが自分の中で自分なりに整理されて、アウトプットの文章が出てくる**という感覚だ。

本がネットより優れている点は、「質の高さ」と「断片的な情報ではなく、まとまった情報があること」だ。

今はネットを使えば、誰でも無料で文章を書いたり読んだりできる時代だ。それはとても素晴らしいことなのだけど、情報の質としてはやはりネットよりも本のほうが上回ることが多い。

その理由は、やっぱり個人がお金をもらわず趣味で気ままに書いているものよりも、プロが報酬をもらって時間をかけて書き上げた上で、出版社が「この内容なら出版しても採算がとれる」と判断したもののほうが、やっぱり質が高くなるからだ。

ネットのほうが手軽で便利ではある。今は、ググったりウィキペディアを見たりすれば、たいていの情報は調べられる。

だけど、ネットで見つかる情報というのは、細切れで断片的な情報である。「A」について検索すると、「Aが何なのか」という情報は、ウィキペディアを見ればすぐに出てくる。だけど、「専門家はAについてどう考えているか」や「Aが社会でどのような役割を果たしているか」「AとBやAとCの関係性」など、そうしたAの周辺の情報はなかなか出てきにくい。

情報というのは単独で存在するものではなく、関連する情報のネットワークの中で他と繋がりながら成立しているものだ。

そして、情報を実際に役に立てるには、単にその情報だけを知っているだけではダメで、その情報をどう位置付けるかという「文脈」や「思想」といったメタ情報が必要なのだ。文脈や思想抜きで無色透明の情報だけを知っていても、雑学王にしかなれ

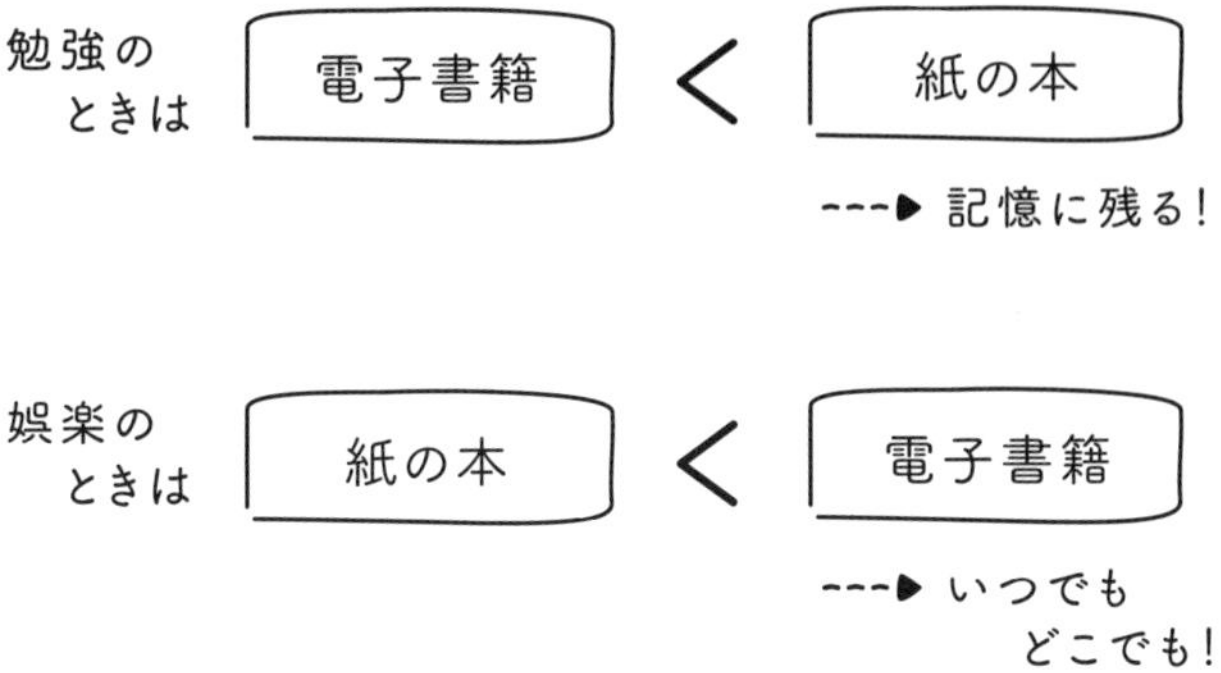

ないし、**ググればどんな情報でもすぐに出てくる今の世界では、情報を暗記していることにはほとんど意味がない。**

情報自身より大事なのは、情報を活用するための文脈や思想で、本というのはそれを与えてくれるものなのだ。

本は、紙の本以外に電子書籍も出ているけれど、僕は勉強をする場合はできれば紙の本のほうを勧めたい。

たしかに電子書籍のほうが便利なところもある。家にいながらネット経由で一瞬で買って読むことができるし、収納のスペースも必要ないし、持ち運びも便利だ。

僕も気楽に読むための本、たとえばマンガや小説などは電子書籍を使うことが多い。

だけど、勉強したいと思って読む本はできるだけ紙で買うようにしている。その理由は、メソッド1で説明したように紙の本のほうが電子書籍より記憶に残りやすいからだ。

紙の本でも電子書籍でも、「内容は同じだ」と思うかもしれない。

でも実際は、紙の本の持っている重さや大きさや手触りなどの感覚的なものが書かれている内容と結び付くことで、より記憶に残りやすくなる。電子書籍だと、読む端末の手触りや重さ、フォント、レイアウトがどんな本でも全部同じになってしまうので、記憶にひっかかりを作りにくいのが欠点だ。

紙の本は物理的な実体を持っているので収納で場所を取るけれど、それがむしろいいというのもある。

紙の本を部屋に置いておくと嫌でも毎日目に入ってきて、本を見るたびに「この本

そろそろ読もうかな」「こないだ読んだこの本おもしろかったな」と考えることになるので、**強制的に本の存在や本の内容が頭の中にリマインドされるのがいい**。

これが電子書籍だと、収納に場所を取らないのはいいけれど、買った本を買ったことすら忘れがちになってしまう。

そして読書において一番重要なのは、本を読むことを「努力」ではなく、「趣味」とか「ヒマ潰し」とか「なんとなくする習慣」にしてしまうことだ。

この点で、**子どもの頃から自然に本を読む習慣をつけることができた人は得だ**。だけど大人になってからも読書を習慣にすることはできる。読書を始めるのに遅いということはない。

読書を習慣にするためには、何でもいいからとにかく読んで、読むのに慣れるようにしよう。

読書の最初の入り口としては、マンガもいい。マンガでも勉強になったり教養が身についたりするものが今はたくさんある。

マンガで読書に慣れたら、文字ばかりの本を読むのが苦にならないようにするのが次の目標だ。

やっぱり、マンガより文字の本のほうが知識という意味では濃いものが多いし、マンガより文字の本のほうが1冊読むのに時間がかかるので、ヒマ潰しとしてのコスパもいい。

何でもいいので、「文字を読んで楽しい」と思うという経験を作ろう。ドラマやアニメの原作やノベライズでもいいし、ライトノベルでもいい。エロでもサブカルでもオタクでもなんでもいい。自分が入りやすくて興味が持てるものから読んでいこう。

小説などの物語のあるものが入りやすい人は小説を読めばいいし、フィクションには興味がないという人はノンフィクションの読み物を読めばいい。ゲームでも映画でもサッカーでも趣味なら何でもいいから、**何か自分がおもしろいと思うことがあったらそれを掘り下げて、それに関連する文字の本を読むようにしてみるといいだろう。**

とりあえず文字に慣れる、たくさんの文字を読むことへの抵抗をなくす、というのを最初の目標としよう。

テレビを見るように読書する

本をあまり読まない人ほど、読書をハードルの高いものだと考えている。けれど、読書が趣味である僕の実感としては、読書ってテレビを適当に見るのと同じくらいに気楽で雑な行為だ。

「今月は本を20冊読んだ」と言うと、本を読まない人は「すごい!」と思うかもしれない。だけど、実際は20冊読んだその内訳は、「興味のある部分だけをつまみ食いのように読んだ」とか「つまらなかった、あるいは、飽きてきたので途中から流し読みをした」みたいな本が含まれていたりする。

最初から最後までちゃんと読んで勉強になったと言える本は、せいぜい2、3冊くらいなものだ。

本を読むときは、決められたページの順番に従って律儀に読む必要はない。途中から読んでも、あとがきから読んでも構わない。

僕は、どうも普通に読む気がしないときは、すごく中途半端なページから読み始め

てみたりする。変な場所から読むことで、「順番を守らない俺は悪い男だぜ」みたいな気分が出てきて、少しだけ楽しくなる。

　そんなふうに自分なりの独自の読み方をすることで、本の内容が印象に残ったりもするので、ときどき習慣を破ってみるのはいいことだ。

　それがおもしろい本だったら、中途半端なところから読み始めても読んでいるうちにだんだん本の世界に引き込まれていって、「これはもういっぺん最初からちゃんと読もう」となったりする。

　そもそも、1冊の本というものは結構長いものなので、本の内容を最初から最後まで全部吸収して理解することなんてできっこない。

　本を読むとき、本の中に一つでも「へー」とか「よい」とか思う箇所があったらそれで十分に価値のある読書だ。もし、1冊の中に3つくらいいいフレーズを発見できたら、「大漁だ！」というふうに考えよう。

本を書く側の立場から言うと、本というのは一般的には大体200ページ以上の長さがあるものだけど、**その本で本当に伝えたいエッセンスのような内容は、どんな本でも20ページもあれば収まるものだと思っている**。

じゃあ、あとの180ページは何を書いているかというと、その20ページのエッセンスの部分をより詳しくわかりやすく説明したり、具体的な例をたくさん出したり、エッセンスの周辺にあるさまざまな広がりや繋がりについて書いたりしているのだ。

もっと身も蓋もない出版業界の都合を言うと、本という形態で売るときに、100ページくらいだと、本が物理的に薄くなりすぎる。薄い本は書店でも目立たないので、何とか内容を足して200ページくらいにしたい、という事情があったりする。

そういう場合は、なくてもいいような内容を付け加えたり、対談などを入れてページを稼いだりすることもある。

その著者の文章が好きだったり、エッセンスの部分で言っていることをもっと深く知りたいというときは、本を最初から最後まで全部読めばいい。

だけど、「どうもこの著者は気に食わない」とか「めんどくさくてちゃんと読む気がしない」というときは、エッセンスの部分だけ読んでやめてしまっていい。**自分と趣味や思想の合わない人間の言っていることでも、エッセンスだけ取り出すとそれなりに理があったりはするから勉強になる。**

その本のエッセンスは、「はじめに（まえがき）」や、一番はじめの章、「おわりに（あとがき）」を読めばわかるものなので、そこだけ読むといいだろう。この本だったら、「はじめに」と「序章」だけ読んでくれたらいいと思う。

適当に自分の都合のいい部分だけ読んでも怒られないのが、本のいいところだ。

これがもし相手が人間だったら、最初の5分くらいはちゃんと相手の話を聞いていたとしても、途中からはずっとスマホを見ながら、「へい、へい」と適当な相槌《あいづち》を打ちながら話を聞き流したり、話の長い相手に対して、「余計なことは言わなくていいから要点だけ言ってください」と言ったりしたら、相手はすごく怒るだろう。**やっぱり人間より本のほうが便利だ。**

とりあえず、どんな形でもいいから本を開いて適当に読み始めてみよう。形だけでも読書を始めることで、やる気はあとからついてきたりするものだ。

「読書メモ」の取り方

本を読んだらできるだけ読書メモをとるようにしよう。その理由は2つある。

一つは、「**読み返して情報を頭に定着させるため**」だ。

記憶というのは、何度も繰り返して読むことで頭の中に定着するということはここまで何度も書いた。だけど、本を読む場合、1冊の本を何度も読むのは時間がかかる。だから、本の重要な部分や気に入った部分を抜き出してメモをとっておくと、次回からはそれを読むだけでその本のポイントを押さえることができる。

そして、もう一つの理由は、「**書くことで覚える**」からだ。

その本を読んで自分が気づいたことや考えたことを、自分の言葉で表現してみる。「なんかいいな」と漠然と思っているだけではなく「○○が△△だからいい」と、きちんと言語化してみると、その知識は自分のものになる。だから、思ったことを書いたり話したりして言語化することは重要だ。

しかし、だからといってすべての本に詳細なメモをとっていては時間がかかりすぎるから、僕は本のおもしろさや重要さによって、４つの段階を分けて記録している。

①重要度：ゼロ

そんなにおもしろくなかった場合。

このときは、感想を書かない。だけど、一応、「その本を読んだ」ということだけは記録しておく。

②重要度：低

本を読んで何ヶ所かおもしろい部分があった場合。

このときは、その部分だけを引用してメモしておく。あとで読み返すときも、数ヶ所の引用部分だけだったら、2分くらいで読み返せるので手軽だ。

本の一部分だけでもメモしておくと、それを見ることで本の他の部分も連鎖的に思い出せるからいい。

③重要度：中

本全体がおもしろくて、何ヶ所かメモするだけでは足りないという場合。

この場合は、本のおもしろさを自分なりにまとめた雑なメモを作って、読書メモ専用ブログに投稿しておく。

僕は、普通のブログと読書メモ専用ブログとを分けているのだけど、読書メモ専用ブログはあまり人に見せることを考えていない。だから、メモの内容も断片的だったり箇条書きだったりして、自分以外が読んでもよくわからないことが多い。

とりあえず、自分があとで読んだらある程度の内容を思い出せるものならいいのだ。

人に見せることを考えていないのに、なぜわざわざ誰でも見られるブログに書くかというと、「ブログだと残りやすい（ノートやメモだとすぐなくしてしまう）」というのと、「あとで読みたくなったときに検索して探しやすい」という理由だ。

「あのメモどこに書いたっけ」というときに、グーグルなどで自分のブログタイトルと書名を検索すればメモが出てくるのが便利だ。

④重要度：高

「この本はすごい」「この本の内容を自分の中に深く取り込みたい」「他の人にも、この本のよさを教えたい」という場合。

そういうときは、ブログやツイッターに、他人に向けてわかりやすくその本のよさを解説した文章を書いてみる。

「どうすれば、まったく予備知識のない他人に伝わるだろうか」ということを真剣に考えて文章を書くと、自然に自分の理解も深まるのでよい。

以上が読書メモの取り方だ。

読書メモをとるには、読書メーターやブクログなど、読書記録を付けられるウェブサービスを利用するのがいい。記録をウェブに残しておくと、あとから読み返したくなったときに検索するとすぐに出てくるのが便利だ。

余談だけど、ブログやツイッターで本を紹介するときは、アマゾンのアフィリエイトを利用してリンクを張っておくと、若干のおこづかい稼ぎになったりもする。そういうのをモチベーションにして読書をがんばるのもいい方法だろう。

本は「自分を映す鏡」

本というのは、自分自身を映す鏡のようなものでもある。だから、自分とまったくかけ離れている本を、人はおもしろいと思うことができない。

人が本をおもしろいと思うのは、「自分もそうじゃないかと思ってたんだ」という内容を本の中に発見するからだ。

読書というのは、**たくさんの文字列の中のどの部分に自分が反応するかを探っていくという**、自分探しみたいな行為なのだ。

アマゾンのレビューなんかを見るとよくわかるけれど、同じ本を読んでも人によって感想がまったく違うということがよく起こる。それはそれぞれの人が、それぞれ違うものを本に投影しながら読んでいるからだ。

こうした評価の差は、別に本以外でも、映画やマンガなどでも存在するものなのだけど、本は特に人による差が大きい。

なぜかというと、本が読み手の想像で埋める余地が大きいメディアだからだ。本には活字しか存在しない。情報量が少ないので、書かれていない部分を自分の想像で補完するしかない。そのため、同じ本を読んでも各人各様の（ときには妄想に近い）感想が生まれるのだ。

要は、**「みんな自分の見たいものしか見ない」**ということでもある。読書なんてものはそういうものだし、それでいいのだ。

「師というのは、人生で本当に必要となったときに現れる」という言葉がある。

師から学びたいという気持ちがないときや、師を持つ必要がないときは、師に出会っていてもそれを師として気づかずスルーしてしまっているということだ。

本も師と同じだ。とてもいい本があっても、読む人の中にそれを受け入れる素地ができていないと読んでも心に響かない。

自分に本当に必要な本は、「この本をすごく読みたい」「今この本を読まなきゃいけない気がする」という確信とともに現れる。そんなふうにピンとこない本は、たぶん今の自分とは何かズレている本なのだろう。

喉が渇いているときに水を飲んだり、野菜が欠乏しているときに野菜を食べるとものすごく美味しいのと同じように、**自分に本当に必要な本というのはすごくおもしろく読めるものだ。**

そうした、「これだ！」という感覚がある本には、僕も数十冊に1冊くらいしか出会わないのだけど、一度「これだ！」と思った本を読み進めるときの楽しさを知ると、またその感覚に出会いたくなってたくさんの本を読みあさることになる。

じっと待っているだけでは、「これだ！」という本にはなかなか出会わないものだ。自らいろいろと動いたほうが出会う確率が高まる。

といっても、がんばって本屋で探し回ったり、おもしろくない本を我慢して読む必要はない。大事なのは、常にいろいろなところにアンテナを張っておくことと、とりあえず受け入れる柔軟さを持っておくことだ。体を緊張させて下を向いているときには、新しい刺激を受け入れられない。ゆるく力を抜いて視野を広く持っているときにいい情報は入ってくる。

本棚を「ザッピング」する

テレビのチャンネルを頻繁に切り替えることをザッピングと言うけれど、僕は「本棚をザッピングする」というのをよくやっている。

書店や古本屋や図書館に行って、特にあてもなく本棚と本棚の間をぶらぶらと歩きながら本の背表紙をざっと見ていったり、自分の背丈より大きな本棚の前に立ち止まって、上から下までを舐め回すように見てみたりする。

そんなことをしばらくしていると、**不意になんだか1冊の本と目が合うような瞬間がある**。そうやって気になった本は、自分にとっておもしろいことが多い。

もちろん、気になって手にとってみたけれど、開いてみたらあまりおもしろそうじゃなかったり、気になる本が特に見つからない日もある。そういうときはそれでいい。それも含めて、本屋に行ってぶらぶらするのが僕の趣味なのだ。

ザッピングというのは、要は情報を雑多にいろいろ見てみることだ。大量の情報を流し読みすると、その中にひっかかるものが何か現れる。それが、あなたが今、気になっていることだ。

自分が本当は何が気になっているかというのは、一人で情報を遮断して考えるよりも、大量の情報になんとなく触れているほうが見つけやすいのだ。**いろいろなものを見て、自分が何に反応するかを見ていると自分が見えてくる**。

タロット占いなんていうのもそういうもので、あれは当たるか当たらないかというよりも、タロットの絵柄を見て自分が何を思い浮かべるか、それによって考えを整理するという、思考補助ツールみたいなものだ。

本棚というのは、新刊書店と古本屋と図書館で全然並んでいる本が違ってそれぞれのおもしろさがあるし、本屋以外に並んでいる本、たとえばカフェや友達の家の本棚を見るのも刺激になる。

脳というのはすぐ刺激に慣れるものなので、同じ場所ばかりに行っているとそこにあるものを見慣れてしまって脳に情報が入らなくなる。ときどき場所を変更するのが重要だ。何か迷ったときは、本棚をザッピングしにいろんな場所に行ってみよう。

インプット4

「図書館」活用法

本をすべて買わない

僕は読みたい本はできるだけ図書館で借りるようにして、本当に気に入ったものや必要なものだけを買うことにしている。買うときも古本屋で安いのを探すことが多い。

その理由は、「金銭的に節約したい」というのももちろんあるけれど、それと同じくらい、「お金を払うという体験のレアさを失いたくない」というのも大きな理由だ。

人間の心理として、**身銭を切ったものは身につきやすい**。高いお金を払ったものに対しては、「元を取らなければいけない」という気持ちが働いてやる気がわいてくる。

ただ、人間というのはすぐに刺激に慣れる生き物だ。

お金を払うことに慣れすぎると、身銭を切る痛さがだんだん薄れてくる。本を新品の定価で買うことが普通の日常的なことになると、買ったときに、「ちょっと懐が痛いな」「そのぶんがんばって読まなきゃ」という気持ちがだんだんわいてこなくなるのだ。

普段は本をあまり定価で買わず、図書館で借りたり古本を買ったりするようにしていると、**たまに出会う「これは自分に本当に必要な本だから、手元に置いておきたい」という本を定価で買ったときに、財布の痛みとともにがんばろうという気持ちを十分に感じることができる。**

子どもの頃に、おこづかいが限られていて欲しいものをすべて買えるわけじゃなかったとき、なんとかやりくりして買った本や音楽やゲームは、今でも強く記憶に残っているんじゃないだろうか。

逆に、大人になって好きにお金を使えるようになって、欲しいものは昔よりも好きなように買えるようになったけれど、そうしたら一つ一つに対する印象は昔より薄れてあまり感動しなくなる。

メソッド4でも述べたように、何でもたくさん自由に買えたほうがいいというわけじゃなく、できないことが多いほうが、限られたできることに集中できるという側面もある。

たとえば、本の重要な場所に線を引くとき、すべての箇所に線を引いてしまうと、まったくどこにも引かないのと同じことになってしまう。「これは重要」というハンコをすべての封筒に押すと、全部重要じゃなくなるのと同じだ。人間の注意力や記憶力には限界があるので、重要さに差をつけることが大事なのだ。

本の「重要度」を決める

105ページの読書メモの取り方でも紹介したが、どの本を借りてどの本を買うかというのも、自分が感じる重要さに合わせて次のように基準を決めている。

①重要度：ゼロ
図書館で借りるだけ。

②重要度：低
中古で300円くらいまでなら買う。

③重要度：中
中古で定価の半額くらいまでなら買う。

④重要度：高
新品で買うけれど、また売るかもしれないので書き込みなどはしない。

⑤重要度：最高
新品で買って、売ったりすることを考えずに書き込みをしたりして自分の刻印を付けて自分のものにする。

僕は年に100冊くらいの本を読むけれど、重要度が「最高」の本は、そのうち3冊くらいだろうか。
こんなふうに段階をつけて安易に本を買わないようにしておくと、新品で本を買ったり書き込みをしたりするときに、「俺は贅沢をしている……」という気持ちになって緊張するので、本の内容が記憶にも残りやすい。

重要度「低」や「中」の本を、古本で探すのも結構楽しい。時間をかけて探すことで、その本の存在が記憶に残りやすくなるのがよい。

本の自分にとっての重要度というのは読んでいくうちに変化することもあるし、時間が経つと変わっていったりもする。

とりあえず図書館で借りてみたけれど、これはすごく好きな本だからお守り的に買って持っておこうと思って定価で買い直すということもよくある。

すごく大事な本だと思って何年も保管し続けていたけれど、ある日ふと、「この本は、もう自分にはそれほど必要じゃないな」と思って売ってしまうこともある。その本は、自分にとってお役御免になるまで十分働いてくれたということなのだろう。

僕は読み終わった本をちょくちょく売るのが好きだ。その理由は、**本というのは「買ってすぐ」と「手放す直前」が一番熱心に読めるものだからだ**。

本を惰性でずっと持ち続けているよりも、売ってしまうことにしているほうが、「売る前に読んでおこう」という気持ちが働いて熱心に読書ができる。引越しのとき

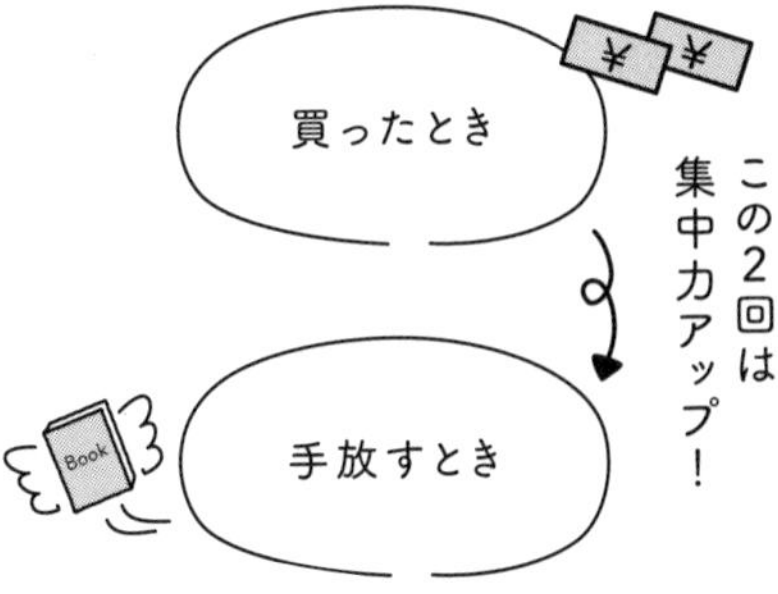

などに本の整理をしていたら、ついつい読みふけってしまって作業が進まなくなったことはみんなあるだろう。

いまいちピンとこなくなった本は売ってしまって、またもし必要になったら中古で買えばいいのだ。そのほうが、**売る前の時間と再び買ってすぐの時間に濃い読書ができる**。

今はブックオフやアマゾンなど、中古の本を買える便利な環境は整っているので、一度手放したらもう手に入らないなどという本はほとんどない。

こんなふうに、古本や図書館を勧めすぎると、「新刊を買って、著者の印税や出版社にお金が入るようにしたほうがいいのでは」と思う人がいるかもしれない（たまに誤解している人がいるけれど、古本を買ったり図書館で本を借りたりしても、著者や出版社には一銭もお金は入らない）。

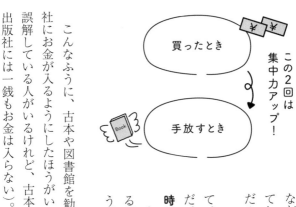

僕も本を書く側の人間なので、「新品を買ってくれたほうがありがたい」という気持ちはある。ただ、新品の本しか買われないとすると、本とか読書の世界が狭くなりすぎると思うのだ。

僕自身、図書館や古本で育った人間なので思うのだけど、**図書館や古本などで手軽に読書に親しめる機会があることで、本を読む人が増えるというのは確実にある。**読書をする人が増えれば、その人たちは図書館や古本だけじゃなく、たまには新品の本も買ってくれるはずだ。僕は図書館や古本のヘビーユーザーではあるけれど、新品の本もときどき買っていて、世の中の平均よりは本にお金を使っているほうだ。

というふうに考えているので僕の本も図書館や古本でたくさん利用されることを望んでいる。僕の本を買った人は、読み終わったら古本屋に売ったり友達にあげたりして、本を社会の中に放流してやってください。

図書館を「本棚」として使う

僕はできるだけ自分の本を持たないようにしている。

読みたい本を全部買っていたらお金もかかるし、家に置き場所もたくさん必要になる。本は重いので引越しをするときも大変だ。

それだったら、図書館の本棚を自分の本棚として考えて、必要なときだけそこから取り出してくるようにしたほうが、便利だし節約にもなる。

図書館に行けば本をすべて無料で借りられるというのは、改めてすごいことだ。無料だったら、「ちょっと気になるけれど、おもしろくないかもしれない」というものでも気軽に借りることができるので、知識の幅をどんどん広げることができる。

最近の図書館は、マンガも結構あったりするし、CDやDVDもある。

最新のベストセラーなんかは予約が何十件も入っていて読めないかもしれない。でも、そんなに最新のものを追っていかなくても、過去のものでもおもしろい本はいくらでもある。

図書館に行くたびに思うのは、「**あと10年や20年、いや、たぶん自分が死ぬまで一切新しい本が出版されなかったとしても、読むものには困らない**」ということだ。すでに消費しきれないくらい十分な量の読み物がこの世に蓄積されている。

まあ、予約がたくさん入っている本でも、1年か2年もすれば予約なしで読めるようになるし、ベストセラーなんてのはしばらく経って落ち着いた頃に読むくらいがちょうどいい。

図書館の本は貸出期間が決まっているので不便だと思う人もいるかもしれない。でも、実は貸出期間が決まっていることはいいことだ。期間が決まっていると、その時期に読もうというモチベーション、つまり「制限は力」が働くからだ。

なんとなく、「読むかもしれない」くらいの気持ちで買っておいて、読まずに何年も置きっぱなしにするよりも、読みたくなった時期に短期間で集中して読んでしまうほうが効率のいい勉強法だ。

部屋の中の目立つ場所に図書館から借りている本を置くコーナーを作って、その横に「いつ返すか」という日付を書いたメモも置いておこう。そうすれば、毎日その場所に視線が向くたびに、「今、あの本とあの本を借りているので、○日までに読まなくては」ということが思い出されるので、きちんと読むようになる。

貸出期間はだいたい2週間が原則で、延長すれば4週間まで借りられるところが多い（延長はネットで手続きができる）。たいていの本は、2〜4週間も手元に置いておけば読み切ることができるだろう。

もし、4週間でも足りないと感じて、何ヶ月も手元に置いておきたいと思う本があったら、そのときに初めて買えばいい。

図書館を本棚として使っていると、住む場所を決めるときに図書館が使いやすいかどうかという条件も考えたりする。

僕が今住んでいる場所は、最寄りの図書館まで徒歩20分くらいなのだけど、1〜2週間に一度、天気のいい日に、ちょっとした運動ついでにそこまで歩いて行くのを習慣にしている。

住んでいる自治体によって、図書館の本の充実具合は変わってくる。たいていの場合、蔵書数は人口に比例するので、できるだけ人口の多い場所のほうが充実した図書館生活を送ることができる。

そうした意味では、都会のほうが有利ではある。人口の少ない場所だと本が少なくて読みたい本があまりない場合も多いだろう。でも、**どんなに小さい図書館でも、そこには自分の読んだことのない本やよく知らないジャンルの本は読み切れないくらいあるはずだ。**

範囲が限定されているからこそ、深く掘れる場合もあるし、どんなものでも読み方次第で楽しみは探すことができる。


最近は、住んでいる場所にかかわらず、誰でも本を借りられるようにしている図書館や、隣の区や市の人も本を借りられるという制度を作っている図書館も多いので、ちょっと足を延ばして遠くに行けば、借りられる本は増える。複数の自治体の図書館を使うことを考えて、区や市の境目近くに住むというのもありだ。

図書館の会員カードを作ったら、その図書館のネットサービスにも登録するのを忘れないようにしよう。今は大体の図書館でネットから蔵書検索・貸出予約・本の取り寄せ・貸出延長ができるので、使いこなすととても便利だ。

知識は「水道・電気・ガス」と同じ

余談だけど、図書館はなぜタダで本を貸してくれるのだろうか。

それは、「**知識というものはすべての人に平等に開かれているべきだ**」という思想があるからだ。

もっと過激に、「知識というのは物質とは違って誰も所有や独占をすることができない全人類で共有の財産なのだ」と言う人もいる。

知識というのは生きることにおいて大きな武器で、知識が多いほど有利に生きていくことができる。

もし図書館がなかったとしたら、本を読むにはお金を払わないといけないので、たくさん本を読めるのはお金持ちだけになってしまう。

お金持ちは勉強をすることでさらに知識や情報を増やし、さらに豊かになれるけれど、お金のない人は情報がないのでいつまでも生きにくい状況のままでいるしかない。そうすると貧富の差が固定されてしまう。

それは社会としてよくない。**お金がなくても学びたい意欲がある人には学べる道が開かれているべきだ。**

だから、最低限の生活インフラの一つとして最低限の知識や教養を得る権利は保障されるべきだ、というのが図書館の存在する意味だ。

こんな素晴らしい制度があるのだから活用しなければ損だ。

インプット5

「五感」フル活用法

「グッとくる」ほうを選ぶ

イメージの話だけど、本で読んだだけの情報というのは、無機質で無色透明でツルッとしている。これは、自分の体験と結び付いていないからだ。

こういう情報は、あまり頭の中に引っかかるところがないので、すぐに忘れてしまいやすい。

そこで、情報に自分なりの「色」を付けてやると記憶に定着しやすくなる。

ここで「色」と言っているのは抽象的な比喩で、要は覚えたい情報に、**自分が生々しく実感を持てるような感覚や感情、経験などのメタ情報を結び付けてやる**ということだ。

そうすると、その別の情報がフック（引っかかり）となって、あとから思い出しやすくなるのだ。

たとえば、勉強した内容を丸写しするのではなくて、自分なりの言葉を使って、文章に書いたり人に話したりするのは効果的だ。

自分なりの表現や自分なりの解釈をすることで、情報が無色透明ではなく自分独自の色が付いたものになるからだ。

また、本を読むよりも誰かに直接教えてもらったことのほうが記憶に残りやすいのも、情報に話し手の色が付いているからだ。**話し手の声やクセ、性格、口調など、アナログな情報と結び付くことで情報が無機質ではなく「生きたもの」として感じられる。**

他にも、シチュエーションと組み合わせるのもいいだろう。

たとえば、普段あまり行かないような場所で本を読むなどだ。「秋のよく晴れた日に普段あまり行かない公園で○○について勉強した（ちょっと寒かった）」「ファミレスで隣の席の家族連れが騒がしいなと思いながら、この本のこのページを読んだ」という記憶は残りやすい。そういう効果があるので、僕は旅行中に本を読むのが好きだ。

勉強のノートをとるときも、僕はできるだけいろんな書き方をして、引っかかりを多く作るようにしている。

たとえば、いろいろな色のペンを使ったり、字を大きく書いたり小さく書いたり、丁寧に書いたり雑に書いたり、ひらがなばかりで書いてみたり一部分だけローマ字で書いてみたり、隅っこに絵を落書きしたり、そんなふうに変化を付けると記憶に残りやすい。

そうやっていろんな種類の書き方をするには、パソコンやスマホでメモをとるよりも手書きのノートのほうが優れている。

ノートをとるとき、「ここはひらがなより漢字で書いたほうがカッコイイ」「ここの一部分だけ英語（しかも筆記体）で書いているのはカッコつけすぎで、自分で書いていてちょっと笑える」など、そういうことを工夫して考えながら書いていると楽しいし、記憶にも残る。くだらないダジャレとかを考えながら覚えるのもいい。

大事なのは、自分にとって「グッとくる」やり方を直感で選ぶことだ。感覚や感情と結び付けた情報のほうがあとに残りやすいので、どういうものが自分の感覚や感情を揺さぶりやすいのかについて、普段から敏感になるようにしよう。

「すべての感覚」を使いまくれ

「共感覚」という言葉がある。

それは、音を色として感じたり、数字を色として感じたり、触感を味として感じたりするという感覚のことだ。

つまり視覚、聴覚、嗅覚、味覚、触覚の五感が、それぞれ独立して感じられるのではなく、混ざり合ってしまうのだ。

この共感覚を持つ共感覚者は何千人か何万人かに一人存在する。そして共感覚者の中には特殊な感性を持っていて芸術方面で活躍したり、ものすごい暗記力を持っていたりする人が多いことが知られている。たとえば、数字に色を感じられる共感覚者は、何万桁もの数字を暗記することができたりする（ダニエル・タメット『ぼくには数字が風景に見える』より）。

こうした共感覚的な感性は、強いか弱いかの差はあるけれど、すべての人が持っているものではないかという説がある。

共感覚をはっきりと持っているのは一部の人だけかもしれない。だけど、僕らのような普通の人間にも参考になる点があって、それは色や音や形などの感覚と結び付けると物事は記憶しやすいということだ。

たとえば歌だ。

昔からよく言われていることだけど、何かたくさんのものを覚えるときメロディーをつけて歌にすると覚えやすい。

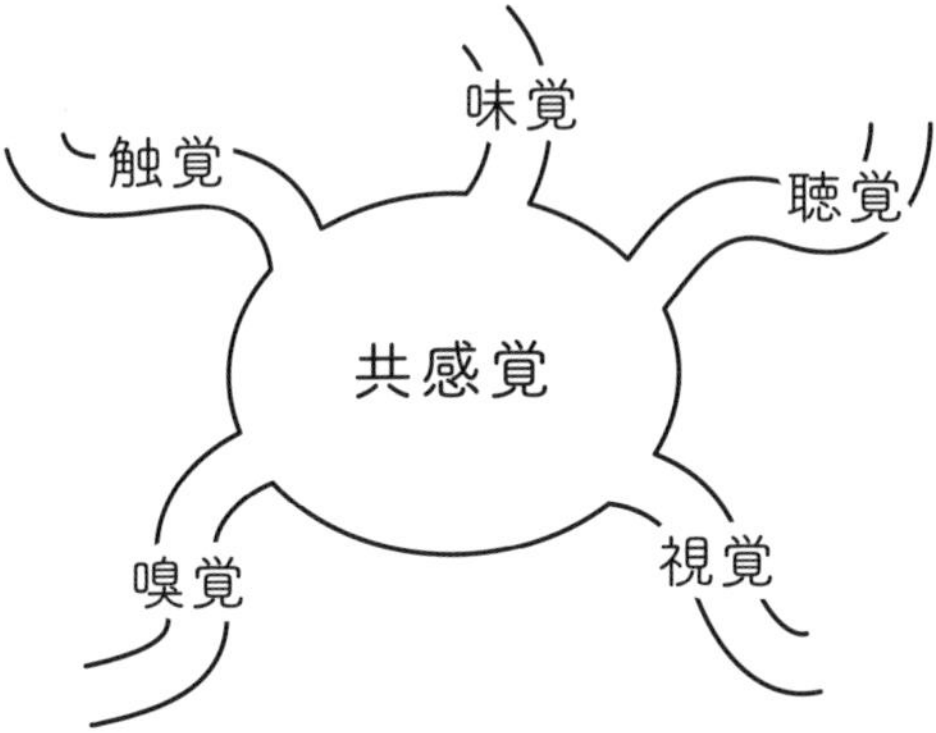

僕も歴代の中国王朝の名前を替え歌で覚えたり、京都の通りの名前を昔から伝わる数え歌で覚えたりした。

何か覚えたいことがあったら、適当なメロディーに乗せて替え歌を作って歌ってみるのもいい。下手なもので全然構わない。くだらなければくだらないほど逆に印象に残る。

歌にしなくても、勉強した内容を声に出してみるだけで、耳から入ってくる音と喉を震わす感覚のおかげで、目で読むだけより内容を覚えやすくなる。周りに人がいると気持ち悪いと思われてしまいそうだけど、**ブツブツつぶやきながら勉強をするのは効果がある**。僕も調子が出てくるとたまにやってしまう。

そして色や形。**僕はノートをとるとき、色や形をできるだけ多用するようにしている**。

いつも4色ボールペン（赤・黒・青・緑）を使っているのだけど、普通の情報は「黒」、すごく重要なものは「赤」、まあまあ重要なものは「青」、個人的に気になるものは「緑」、と色で区別するようにしている（齋藤孝『三色ボールペン情報活用術』

を参考にしている)。

形の使い方としては、気になるところは丸で囲んだり、大事なところは四角で囲んだり、もっと大事なところはいろんな色を使った何重もの四角で囲んだりする。

こんなふうに色や形を駆使してノートをとると、あとで読み返したときに、パッと重要なところが把握しやすい。

それから、手書きで文字を書くと、書くときの指の身体感覚と書いている内容が結び付くことで、キーボードを叩くよりも記憶に残りやすい感じがある。

何かを覚えるときは、ただ目で文字を読むだけじゃなくて、体のすべての感覚を総動員して覚えるようにしよう。

僕がなぜ書くかについて

コラム1

僕は、何か文章を書くたびにいつも、

「本当に頭のいい人はこんなことわざわざ書いたりしないんだろうな」

ということを思う。頭のいい人は何でもスッと理解してしまって、人にもわかりやすくスラスラと説明できるから、わざわざ文字や文章になんかしないものだ。

僕はどちらかというと物事の理解が遅いほうだ。人の話を聞いても本を読んでも、最初は全然頭に入ってこなくて理解できない。頭の回転が速い人たちの議論についていくのも苦手だ。

だから僕は、文章を書く。目や耳からインプットした内容を、文字にして、ノートやツイッターに書いてみる。思いついたたくさんの断片を、選んだり消したり結び付けたりして、ひとまとまりの文章を何とか苦労しながら組み上げて、アウトプットしてみる。

そんな感じで、僕はそれほど頭がよくなくて不器用だけど、でもそんな自分だから書けるものがあるはずだ、と思っている。

頭がよくて複雑な物事をスッとわかるような人は、そんなにたくさんいるわけじゃない。だから世の中の多くの人に何かを伝えようと思ったら、わかりやすく簡単な文章で書かないと伝わらない。僕の文章はわかりやすいほうだと思うのだけど、それは自分自身が難解な文章を理解できないからだ。自分が不器用なおかげで多くの人に伝わる文章を書けるようになったと思っている。

それと、書くことの効果として、書く前はよくわからなかったことが、「書いているうちにわかっていく」ということがある。書く前には考えてもいなかったことが、キーボードを叩いて指を動かしていると、無意識にフッと出てくる瞬間があるのだ。この瞬間がすごく気持ちいい。

物を書けば書くほどいろんな発見がある。僕はもっといろんなことをわかりたいから、文章をずっと書いている。

第2章

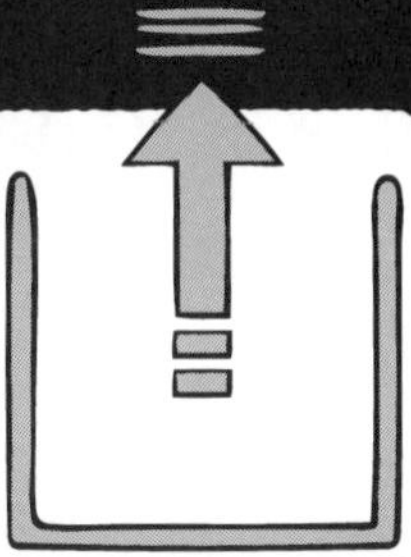

頭を整理する
アウトプットの技術

CHAPTER2

アウトプット1

「ネット」活用術（軽いアウトプット法）

アウトプットは最大のインプットだ

勉強というものは、情報を自分の中にインプットする行為だ。前の章でそう書いたけれど、単に情報を自分の中に入れるだけじゃなくて情報を出していくこと、つまりアウトプットをすることで、より効率的に勉強した内容が身につくようになる。

僕がブログや本でこんなふうに文章を書いている最大のモチベーションは、「自分がもっといろんなことをわかりたいから」だ。「誰かに読んでほしい」とか「収入につながる」という理由は、なくはないけどオマケのような感じだ。

普段なんとなくぼんやりと考えていることは、誰でもいろいろあるだろう。でも、それを文章にしようとすると、あやふやな理解ではうまく説明できないことに気づく。

「どうすれば他人に伝わる説明になるか」を考えていると、自然に頭の中が整理されていく。

いい加減なことを文章に書くと、読んだ人に「これはおかしいだろう」とつっこまれてしまうから、いろいろと本を読んで正確な情報を調べたりもする。そんな感じで否応なく理解が深まっていくのが楽しいのだ。

この本に書いている内容も、本を書く前に最初から僕が「はっきりと」考えていたことは少ない。大体は、本を書く前に「多分こんな感じだろう（よくわからんけど）」とあやふやに思っていたことだ。

そうしたあやふやな思いつきを、ちゃんと調べてちゃんと考えて、「これはこうです」と発表できるところまで持っていくという作業を、本を書くたびに毎回やっている。

文章を書くということは、自分の思考をはっきりさせる作業だ。それがおもしろいから僕はずっと文章を書いている。

それに、本を読むのは楽しいけれど、本をただ読んでいるだけだと、「ひょっとして自分はまったく意味のない勉強をしているのではないか」という考えに襲われたりする。そんなときに、誰かが自分の書いたものを読んでくれたり話を聞いてくれたりすると、勉強をするという行為がムダになっていない感じが持てる。

だから、誰かに向けてアウトプットをするのは、モチベーション維持のためにもいい。昔から「**人に教えると自分が一番勉強になる**」ということはよく言われている。アウトプットはインプットの最大の方法だ。

だから、勉強をするときは、勉強した内容を周りの人に話したり、ブログやツイッターに書くということを積極的にやっていこう。

「軽いアウトプット」と「重いアウトプット」

「何かをアウトプットする」というと、「難しい」「何をすればいいかわからない」と感じてしまう人も多いんじゃないかと思う。

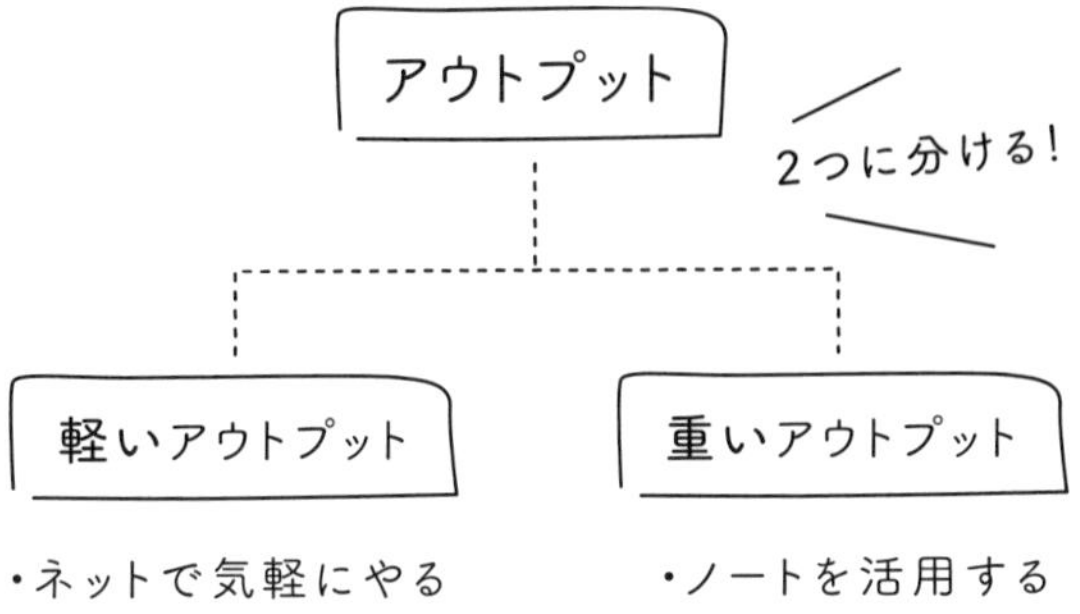

そういうときは、「軽いアウトプット」と「重いアウトプット」に分けて考えるといい。

「軽いアウトプット」のコツは、とにかく気軽にやることだ。それが良いか悪いか考えない。失敗しても気にしない、というか、むしろ失敗を積み重ねるためにやる。

とにかく思いつくままにいろんなことをやってみることだ。いきなり重くて大きいものを作ろうとしてもうまくいかないし、やる気も出ない。とりあえず手の届く小さなところから、でたらめでいいのでやってみるのがいい。

そうした、「軽いアウトプット」の試行錯誤の積み重ねがあって初めて、仕事に使えるアイデアや長い文章などの「しっかりとしたアウトプット」＝「重いアウトプット」が生み出せるようになるのだ。

そして、**「軽いアウトプット」のツールとしてとても向いているのが、インターネット、つまりブログやツイッターだ。**

ここからしばらくは、「ネットのアウトプット活用法」について書いていく。

「ブログ」を書くと頭がよくなる

僕はもうかれこれ15年くらい、ずっとブログを書き続けている。

ブログを書くことによって、僕の人生は大きく変わった。28歳で会社を辞めて無職になったのだけど、ブログを書くことでブログを通じてたくさんの人と知り合うことができたから、社会から切り離されたように感じたり、孤独を感じたりすることはなかった。

最初は別にお金になるかどうかなんて考えずに、単なるヒマ潰しの趣味としてブログを書いていたのだけど、続けているうちに多くの読者を獲得するようになり、ブログを見た出版社から声がかかって文章を書く仕事をするようになり、その後、書籍を何冊も出版することができた。

幸運なことに僕はブログの読者をたくさん得ることができて仕事にも繋がったけれど、**もしそれほど読者がいなくて一銭にもならなかったとしても、ブログを書くことはやめていなかっただろうと思う**。

なぜなら、僕がブログを書くのはあくまで自分のためだからだ。

「いろいろなことを深く考えたい」「考えたことや調べたことをできるだけ覚えていたい」と、僕はそういった理由でブログに文章を残し続けている。自分のブログを読み返すと、自分がどういう思考を辿ってきたのかとか、どういうことに興味を持って生きてきたかの変遷が全部わかるようになっていてとても楽しい。

もちろんブログに書くときは人に読んでもらうことも意識するのだけど、それはあくまで二次的な目的にすぎない。**自分の脳の拡張の思考ツールとして書くというほうが重要だ**。

15年という長期間にわたって続けられたのも、自分のためにやっているからだ。

これが、「アクセスを稼ぎたい」とか、「お金を稼ぎたい」というような目的でやっていたならば、たぶん数年で飽きたり疲れたりしてやめてしまっていただろう。

物事は何でも、「自分自身のため」「自分が好きだからやっている」という点がないと長く続かないものだ。自分自身のために何かをやって、あくまでおすそ分け的に他人の役にも立ったらいいな、というくらいがいいスタンスだと思う。

ブログのいいところは、人に見せる外向きのベクトルと自分用の内向きのベクトルのバランスを、ちょうど半々くらいで保てるところだ。

僕がブログを書くことで思考や知識が増強されたと実感している点は、具体的には以下の3つだ。

1. 脳内記憶装置の拡張
2. 他人に教えると理解が深まる
3. 他人からの反応で知識が広がる

この3つについて順番に見ていきたい。

ブログの効用1　脳内記憶装置の拡張

ブログを書くことによる3つの効用のうち、まずは「脳内記憶装置の拡張」から見ていきたい。

要は、日記を付けるのと同じだ。人間の脳というのは結構すぐにいろいろ忘れてしまう。だから、考えたことや新しく知ったことを文字にして書き残しておけば、あとで読み返したときに、再び前に考えたときの思考や知識を蘇らせて活用することができる。

といっても、起こったことをすべて詳細に書いておく必要はない。**ちょっとした要点や要素だけでも書き残しておけば、その断片をフックとしていろいろと思い出すことができる**からだ。

さらに、ぼんやりと考えていることを言語化して、指を動かしてキーボードで打ち込むという行為をすることで、その内容を脳に定着しやすくするという効果もある。

プログラミングの初心者の勉強法として、お手本になるプログラムをそのまま丸写しで打ち込むという手法があって、お経を手書きで紙に写して暗記しようとしたやり方に例えて、「**写経**」と呼ばれる。

手書きでもキーボード打ちでもフリック入力でも構わないけれど、自分の目と手を使って文字を自分で書くという行為は、それだけで脳内に記憶を定着させる効果があるのだ。

ここまでの理由だけなら、別にブログに書いてインターネットで公開しなくても、自分のパソコンの中のファイルに書いておけばいいんじゃないか、と思う人もいるかもしれない。「脳内記憶装置の拡張」という点についてはたしかにそれでも構わない。

ただ、ブログに載せてネットに公開することの利点として、「**データが失われにくい**」「**検索しやすい**」という点がある。

書いた文章をパソコンの中に保存しているだけだと、ファイルがどこにいったかわからなくなったり、ファイルがたくさんあってごちゃごちゃになったり、パソコンが壊れた際にデータが失われたりする可能性がある。

その点、ブログに書いて公開しておくと、データがどこにいったかわからなくなったり消えてしまったりする可能性が少ない。

また、検索のしやすさというのも大事だ。自分がだいぶ前に○○について調べて書

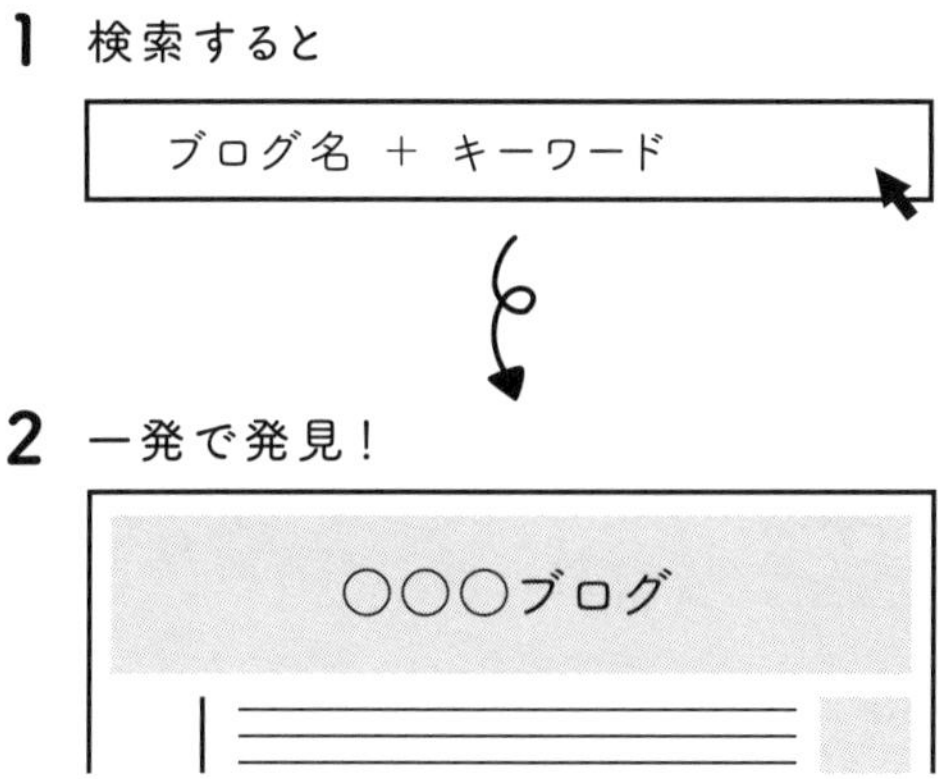

いたことは覚えていても、それをどの場所に書いたかわからなくなるということは多い。

そんなときにブログに書いてあると便利だ。ブログに書いたものは、全部インターネット上に公開されているので、**「自分のブログ名　○○」という言葉でグーグルから検索すれば、すぐに○○について自分が書いた文章を見つけ出すことができる**。

検索しやすいように、ブログの記事のタイトルはあとで見たときに内容がわかりやすいものにしておこう。

それから、ブログのカテゴリー機能を使って記事ごとにカテゴリー分けをしておくとさらにあとから見やすくなるので、余裕があればやっておこう。

ブログの効用2　他人に教えると理解が深まる

最初に、「ブログは他人に読ませるためじゃなく、あくまで自分のために書く」と書いた。

でも、このあたりは本当は微妙なバランスが必要な点だ。他人を意識しすぎても楽しくなくなるけれど、まったく他人を意識せずに自分に向けてだけずっとやっていても、やることがいつの間にか偏ってしまって、あまり価値のないことを延々と続けているということにもなりかねない。

100%自分のためにやっていても孤立しすぎてしまうし、100%他人のためにやっていても疲れてしまう。

そこで、基本は自分用だけど他人の目も少し意識する、という中途半端なスタンスが取れるのがブログのいいところだ。

要は、**ブログは「他人に見られてもいい自分用の勉強ノート」**だ。

自分しか見ることがないノートだと、「自分にさえわかればいいや」と思って結構

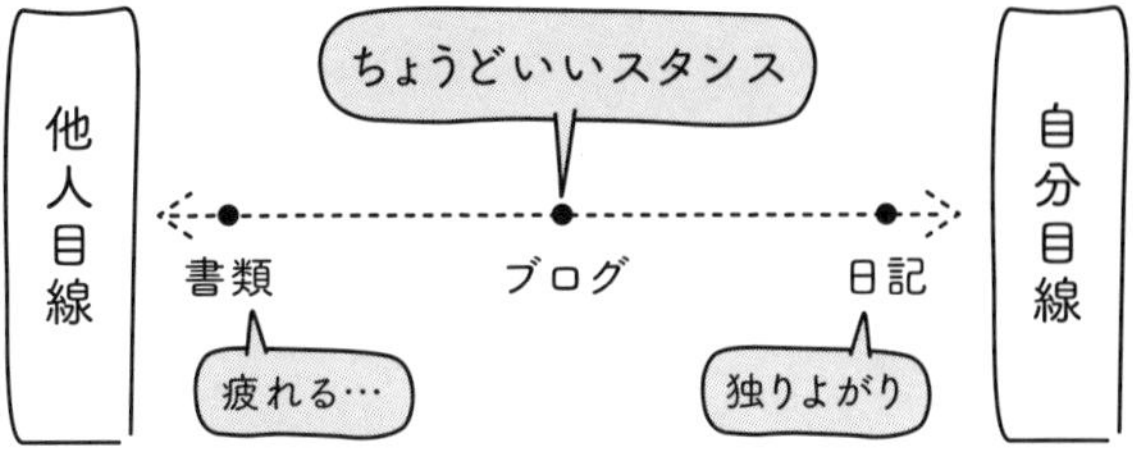

書くのが雑でいい加減になりがちだ。

そして、雑でいい加減に書いた結果、しばらくあとで自分で見直してみても、何を言っているのかよくわからなかったりしてしまう。

他人が読むかもしれないと思うと、誰が見てもわかりやすいようにちゃんと説明しようという意識が生まれる。そして、わかりやすい文章を書くためには概念の整理や的確な言語化などの作業が必要になって、そうした作業をすることで自分自身の理解も深まるものだ。

昔から、「**他人に何かを教えると自分自身の理解も深まる**」ということが、よく言われている。

だけど、ちょうどよく自分の側に、自分よりそれについて詳しくないけれど、それについて知りたがっているような、教えるのにちょうどいい相手がいるとは限らない。むしろ、そんな相手なんていない場合のほうが多い。

その点がブログだと解決される。周りにちょうどいい教える相手がいなくても、「自分と同じことに興味を持っている誰かがこのブログを読むかもしれない」という可能性があるので、自分より知識がない人が読んでも理解できるように丁寧にわかりやすく書こうというモチベーションが生まれるのだ。

大体みんな、**人の話を聞くよりも自分の話を聞いてもらいたいと思っているので、この世界ではいつも話の聞き役が不足している。**

誰かに何かを話したいとき、一対一で聞く人を捕まえて話すのではなくネット上に書いたものをなんとなく置いておくという感じにしておくと、特定の聞き手を拘束しないで済むので便利だ。

ネットだったら読む側も、時間が空いたときに読むとかテレビでも見ながら読むとか気楽な感じで読めるのでいい。

そういうところはネットのおかげでコミュニケーションが楽になった点だと思う。

ブログの効用3　他人からの反応で知識が広がる

前項の「他人に教えると理解が深まる」では、実際に特定の読者がいなくても、誰かが見るかもしれないという可能性があると、ちゃんと文章を整えようという気持ちになる、ということを書いた。

だけど、単なる可能性だけでなく、実際に読んでくれる人がいれば、さらに張り合いが出てよい。できれば読者を獲得するようにしよう。

インターネットには、自分より知識がある人もない人も、どちらも無数にいる。

自分の興味があることや考えたこと、たとえば「宅建」についてや「セルフネイルのやり方」「スッポンの捌《さば》き方」「出産祝いの贈り物」でも何でもいいけれど、何かを調べて文章にまとめてブログに書くと、「うわー勉強になります」という自分より知識のない人と、「ここは正確にはちょっと違いますよ」という自分より知識のある人が、両方いる。そのどちらもが大事な読者だ。

「知らなかったです」「勉強になります」と言ってもらえると書くのに張り合いが出るし、「ちょっと違いますよ」と詳しい人が指摘してくれることで、知識が広がったり自分の視野が偏っていることに気づかされたりするのもありがたい。

「自分には発表するだけの知識がないから」と遠慮することはない。無知な状態でもどんどん書いたほうがいい。

ネットには、「教えたがり」の人がたくさんいるから、「知識はないけれど勉強したいです」という態度を取っていれば、どんどん勝手にいろんな人が講釈を垂れてくれる。

参考になります！
自分が書いたこと
それはちょっと違うよ

昔からネットで使われているテクニックとして、「**素直に聞くより煽ったほうが必要な知識が手に入る**」というものもある。

これは、「○○について教えてください」と素直に聞くよりも、「○○は△△なんだよ（間違った知識）」と偉そうに書いたほうが、「○○

は△△ではありません」「○○は□□というのが正しいです」「もっと勉強しろ」みたいに、怒った詳しい人が丁寧に教えてくれるというものだ。

あまりやると感じが悪くなるけれど、ネットにはそういう特性があるということも知っておくと便利だ。

「ブログの読者」獲得法

ブログの読者を得るためには、ある程度の工夫がいる。

今の時代は、ブログへのアクセス源としてSNSからの流入がとても多いので、ツイッターなどを活用するのがいいだろう。

たとえば、宅建に興味があるのだったら、自分のプロフィールやハンドルネームに「宅建」という文字列を書いておき、他の宅建に興味がありそうな人をフォローするのだ。そうすると、向こうもフォローを返してくれることが多い。

そして、**ブログの記事を書くたびにツイッターでさりげなく、「ブログ書きました。見てね」みたいな告知をして、フォロワーの人が見てくれることを目指そう。**

他にも、検索エンジンから来る人のことも考えて、その問題について知りたいと思っている人が調べるときに使いそうな検索ワード（「スッポン　捌き方」とか「出産祝い　迷惑」とか）を、ブログのタイトルや本文中に混ぜ込むというのもやっておくといい。

検索ワードを適切に設定しておくと、自分で過去記事を読み返したくなったときもグーグル経由の検索で自分の記事に辿りつけるので便利だ。

ツイッターは「ウォーミングアップ」に最適

ここまで、「調べたことや考えたことをブログに書くと身につきやすい」ということを書いてきたけれど、ブログに書くような「長い文章」を書くのがめんどくさい、というときもあるだろう。僕もわりとよくある。

そういうときには、ツイッターを使うといい。ツイッターは文章を書くハードルがものすごく低いウェブサービスだからだ。

作家の坂口恭平《さかぐちきょうへい》は、ツイッターにひたすら文章を書き続けて、それをあとからまとめるという形で出版していたことがある。

僕もツイッターに書いたことを、そのままブログに載せるというのをよくやる。**とりあえずツイッターに文章を連投して、それをあとからまとめて長い文章にするというやり方はなかなかいい方法だ。**

まず、ツイッターは1つの投稿の文字数が、「140字まで」と決まっているのがいい。

実際は140字ギリギリまで使うことは少なく、10文字から数十文字くらいで書くことが多い。ブログと違いツイッターだと短文を投稿するのが当たり前なので、「ちゃんとした長い文章を書かないといけない」というプレッシャーから解放される。

1000字の文章を書くとなるとちょっと気が重いけれど、100字の文章を10個書くとか、50字の文章を20個書くと考えると、少し気がラクになる。

思いつきを適当に書いては投稿して、ちょっと書いては投稿して……、を繰り返していると、いつの間にか1000字近くになっていたりする。

ツイッターでは、発言した内容がどんどん流れていって消えていく感じなのもいい（実際には消えていないけれど）。

書いてもすぐ消えると思うと、雑でいいからとりあえずいろいろ書いてみるということがやりやすい。

何かを書いたり作ったりするとき、とりあえず雑にたくさんアイデアを出してみて、それをあとから厳選したり整理したりまとめ直したりするという手法がよく使われる。

その最初のアイデア出しに、ツイッターはすごく向いているのだ。

それに、ツイッターはちょっと何かを書いてみて、それを読んだ人の反応を見ることで、「意外とこういうことに興味ある人多いのか」「あ、これはちょっと変だったか」などと他人の反応を様子見できるのもよい点だ。書いてみて反応がよくなかったりスベったりすれば、すぐ消せばいい。

また、僕はツイッターで、「おはようございます」「眠い」「今日は何しよう」「人生だなあ」「インターネットすごい」とか、あまり意味のないことをつぶやくことが多い。

なぜ、こういうことを書くかというと、発声練習や準備体操みたいなもので、長い文章を書く前に、**ちょっと体をほぐす感じで適当なことを書くと、だんだん物を書く気分が乗ってくる**のだ。

やる気がしないときは、とりあえず適当なことをつぶやくところから始めてみよう。

迷ったら「匿名」で書いてみる

ここまで、考えたことや調べたことをブログやツイッターに書くと、知識が深まるということを書いてきた。

だけど、「自分の考えたことや調べたことに自信がない」「変じゃないかとつっこまれるのが怖い」「あまりに初心者丸出しの疑問すぎて恥ずかしい」などの理由で、不特定多数に見られてどんなつっこみや批判が飛んでくるかわからない場所に書くことに気が進まないかもしれない。

そういったときこそ、インターネットの利点である匿名性を生かそう。**自分の名前を使わず匿名で書けば、恥をかいたとしても自分自身に対するダメージは少ないし、自分の評判も傷つかない。**

逆に匿名だと、いい文章を発表した場合も自分の評判が上がるわけじゃないけれど、その場合はあとから「あれ実は自分が書いた」とツイッターなどで言えばいい。

つまり、失敗したときは匿名に埋もれさせ、成功したときだけ名乗り出て自分の手柄にできる。匿名というのは美味しいとこどりのシステムなのだ。

別の名前でブログやツイッターを新しく作るというのもありだけど、それだとあまり誰にも読まれないことが多いので、匿名の人たちがたくさん集まっているウェブサービスに書くほうが手軽にいろんな人に読まれやすい。

ここでおすすめしたいのは、次の4つだ。

・5ちゃんねる（旧・2ちゃんねる）
・はてな匿名ダイアリー
・発言小町
・Yahoo! 知恵袋

日本で一番有名な匿名掲示板といえば、「5ちゃんねる」だ。5ちゃんねるの中には無数の掲示板があって、天文学やアクアリウム、家庭問題、調味料など、どんなマニアックなジャンルでも網羅されていて、それぞれの場所にそれぞれのトピックに興味のある住人たちが棲息している。

初心者だけど質問したいという場合は、「**初心者専用スレ**」があることが多いので、そこに書き込んでみよう。閲覧や書き込みはスマホで専用ブラウザを使うと便利だ。

「はてな匿名ダイアリー」（通称「増田」）は、基本は日記サービスなのだけど、日記という枠にとどまらず、結構みんな好きな内容を書き散らしている。

実名では書きにくいような匿名での告発や今さら聞くのが恥ずかしい疑問などが集まっている。僕も名前を出して書くのが恥ずかしい内容を、ときどき書き込んでいる。

増田に書かれた文章は、はてなブックマークというブックマークサービスにピックアップされやすいので、ときどきネット上で大きく流行したりする。

「発言小町」はユーザーに主婦層が多く、家庭の悩みや子どもの悩み、近所付き合いの悩みなどが多く投稿されている。それぞれの内容にたくさん返信がつく。**家庭や人生に関わる意見は、ここに書いてみるのもいいかもしれない。**

他にも「Yahoo! 知恵袋」などの匿名のQ＆Aサービスもある。

ちなみに、こうしたサービスの匿名性については、サービスの運営者は書き込みの情報を把握しているけれど、その情報は基本的には洩らさない。情報が洩れるような匿名サービスは誰も使わなくなるからだ。

ただし、犯罪に関わることとは別だ。匿名だからといって何を書いてもいいわけじゃない。いくら匿名でも犯行予告などをすると警察が動いて普通に逮捕されるので気をつけよう。

ちなみに僕は、ずっとｐｈａというハンドルネームを使ってネットをやっているのだけど（そもそもｐｈａというのは、最初にブログを作ったときのＩＤ）、実名はなるべくネットでは使わないようにしている。それは、リアルの世界とネットの世界は分けておきたいからだ。

実名でネットをやっていると、「会議だるい」とか「上司ムカつく」とか「今日行った歯医者が下手だった」と書いた場合、相手にバレてトラブルになったりする。そして結局、ポジティブなことしか書けなくなってしまう。

表に出せないような一面を出したり、言えないような意見を言えるからネットはおもしろい。なので、ネットをヘビーに使うなら、ハンドルネームか匿名にすることをおすすめする。

アウトプット2

「紙とノート」活用術（重いアウトプット法）

アウトプットの３段階

ここまで、ネットを使って「軽いアウトプット」を出しまくるやり方を書いてきた。

次は、仕事で使うアイデアや長い文章や大きな作品などの、「人に見せられるようなちゃんとしたアウトプット」＝「重いアウトプット」を作り上げるときのやり方について説明していく。

これは、僕が本を書いたり、長めのしっかりとした文章を書くときに使っているやり方だ。

まず、何かをアウトプットするという行為は、３段階に分けることができる。

「軽いアウトプット」の場合はこの3段階は厳密に考えず、適当に思いつくままにやっちゃっていい。

けれど、ある程度まとまったものを作る「重いアウトプット」のときは、**全体の作業時間も長くなるので、段階を切り分けて考えたほうが頭を整理できる。**

この3段階は、できるだけはっきり分けておいて、それぞれの作業を独立させよう。アイデア出しをやっているときは、それをどう構成するかとか、どう実装するかは考えない。構成のときも同じで、アイデア出しと実装のことは考えない。

作業段階を厳密に分割することのメリットは2つある。

一つは、**その作業に集中力を使い切るため**だ。

他の段階のことを気にしていると、その作業自体に没入できない。別の段階の作業は、自分以外の誰かがやるから自分は考えなくていい、くらいに思っておこう。実際は過去の自分や未来の自分がやるのだけど。

もう一つのメリットは、**作業を分割することで自然と客観性やわかりやすさが生まれること**だ。

Aの作業をやっているときは、次のBの作業は自分ではなく、まったく知らない誰かがやるくらいに思っておく。明日の自分は他人だ。そうすると、まったく知らない誰かが見ても伝わるように、Aの作業を完成させなければいけない。

「どうせ全部自分がやるんだし」と思っていると、なあなあになって、自分だけがわかっているような独りよがりなところが出てきてしまう。

作業を分割して、次の段階はまったく知らない人が見てもわかるようにしておく、というのを繰り返すことで、最終的なアウトプットもわかりやすくて客観的なものに

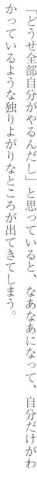

なるのだ。

「ひとりブレスト」をしよう

それではまず、Aの「アイデア出し」を説明しようと思うのだが、ここでは「ひとりブレスト」という方法を紹介する。

「いいアイデアが思いつかない」という場合は、単にアイデアを出す量が足りないことがほとんどだ。

すでに世の中にある「いいアイデア」は、苦労もなくスッと出てきたものではない。**いいアイデアが出るまで、たくさんのアイデアを出して、何度も何度も作り直して、ようやくできあがったものだ。**苦労なしでよいものを生み出せる天才はほとんど存在しない。

そんな地道な作業をするのはめんどくさいと思うかもしれない。というより、実際にめんどくさい。でも、逆に考えると、とにかくたくさんアイデアを出せば少しずつよくなっていって、そのうちゴールに辿り着けるということだ。

漠然と「ひらめき」のようなものを待つよりも、地道に何度も何度も作り直せばやっただけよくなっていく、と思ったほうが気分がラクだ。

アイデアを出すための手法としてよく使われているものに、「**ブレインストーミング**」（略してブレスト）というものがある。

一般的なブレストのやり方は次のような感じだ。

ブレストのやり方

・複数人で集まって思いついたアイデアを出す
・とにかくたくさん出すことを目標にする
・そのアイデアがいいか悪いかの判断はしない
・くだらないと思うことでも遠慮せずに言ってみる

とにかく大量のアイデアを出して、**それがいいか悪いかという評価はあとでゆっくりやろうという方式だ。**

僕はこのブレストを、よく一人でやっている。

一人でやる場合はどうするかというと、まず何も書いていない大きな紙を広げて、その真ん中に考えたいテーマを書く。

そして、その周囲に、テーマから思いついた単語やイメージをどんどん書いていくのだ。

このやり方は、作家の中島らもがやっていた方法をマネしているのだけど、「**マインドマップ**」という方法にも影響を受けている。興味のある人はググったりして調べてみよう。

1 紙を横向きに広げて

2 真ん中にテーマを書いて

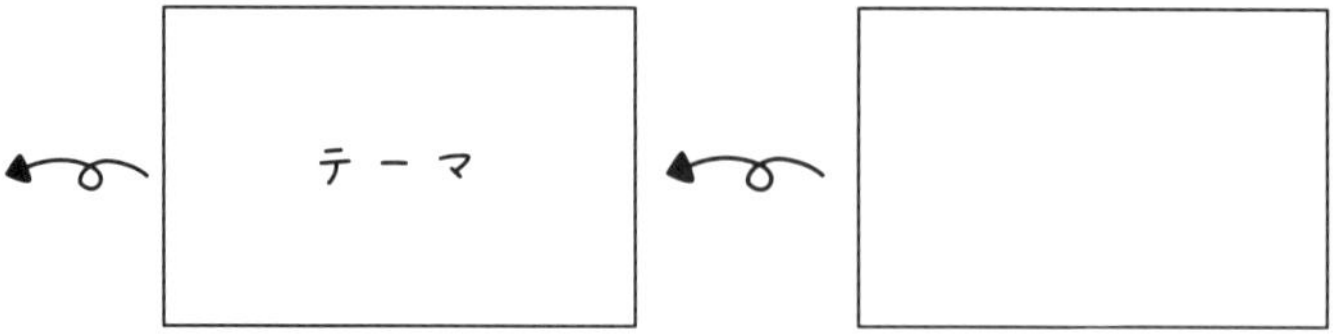

紙は大きければ大きいほどいい

この一人ブレストのコツとして僕が心がけていることに、

・できるだけ大きな紙（ノート）を使う
・紙は横向きに使う

という2つがある。

アイデアを出すときの紙は、大きければ大きいほうがいい。

「**ハンマーを持つとみんな釘に見える**」という言葉がある。これは、手にしている道具によって思考や行動

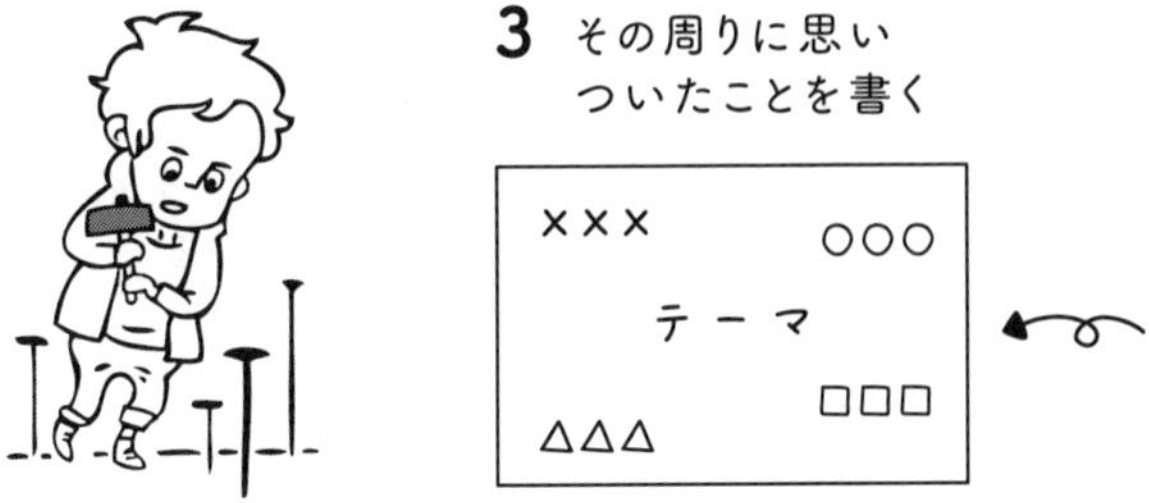

が影響を受けるという意味だ。

人間の思考や行動は、結構簡単に道具に左右されるものだ。小さい紙を前にしているとそれに収まるくらいの少しのアイデアしか出てこないし、大きい紙に書いていると自分でも思っていなかったような発想がどんどん広がっていったりする。

だから、たくさんアイデアを出したいときは大きめの紙を使おう。

アイデアは「横」に広がる

そして、アイデアを出すときの紙は横向きに使うのがよい。

その理由の一つは、そもそも人間の視界は横長なので、**横に長い空間は人間にとって自然で落ちつくもの**

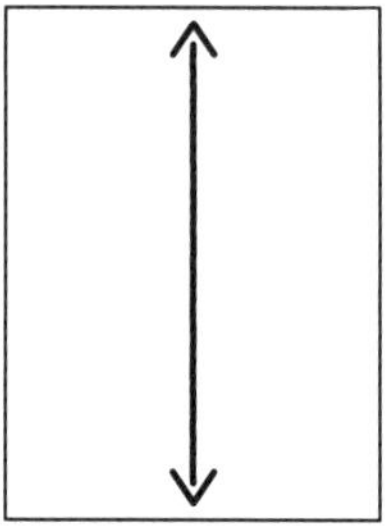

上下の広がり

「順番」などを表すのに向いている

---▶ ToDoなどを整理するのにいい

だからだ。

そしてもう一つの理由は、縦長の紙より横長の紙のほうが、**アイデアに広がりや幅が出やすいから**だ。

人間の空間認識は、上下方向と左右方向に違う意味付けをしている。

上下は順番や階層といった概念などと結び付きやすいし、左右は並列や多様性といった概念と相性がいい。

要は、人間は「上は下より偉い」「左と右には上下関係はなくて対等だけど性質が違う」みたいな感じで、直感的に物事を捉える癖があるということだ。

いろんなアイデアを出したいという場合、多様性を重視したいので、左右方向を優先したい。だから

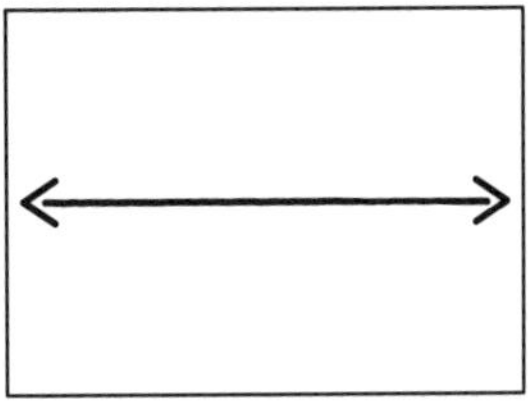

左右の広がり

「多様性」などを表すのに向いている

---▶ アイデア出しなどをするのにいい

アイデアを膨らませたいときには紙を横長に使おう。

物理的な紙の左右の広がりは、そのまま発想の多様性に反映されるのだ。

「構成」はクラスタづくり

次はいよいよBの「構成」とCの「実装」の段階だ。

BとCは、絵を描くときに例えると、Bが下描きで、Cがペン入れみたいなものだ。**Bで大まかな設計を考えて、Cでそれを現実のものに落とし込んでいく。**

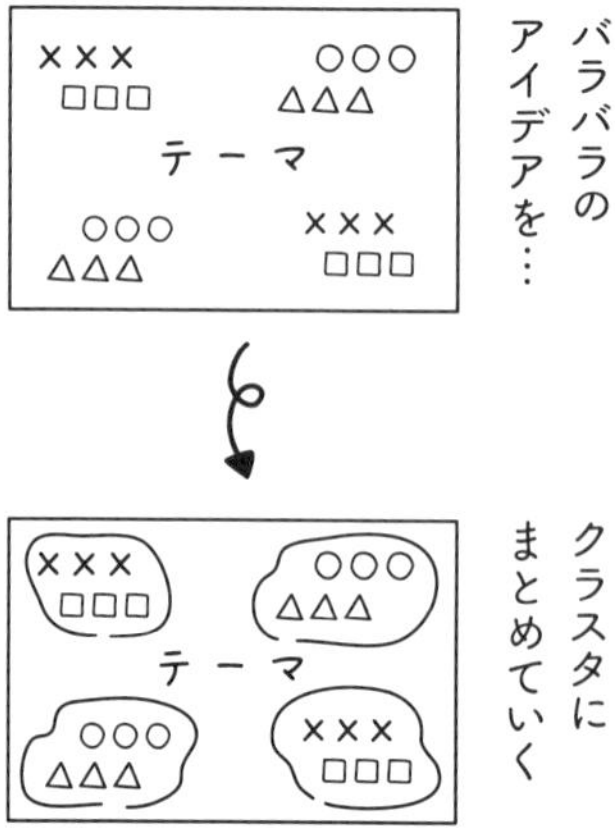

Bの「構成」では、Aでたくさん出したアイデアを取捨選択していく。

どれを使って、どれとどれを組み合わせて、どういう順番で並べていくか、というのを決めるのだ。

僕が文章を書くときのやり方を書くと、まずノートに書き出したたくさんのアイデアの断片を眺めて、その中から使えそうな

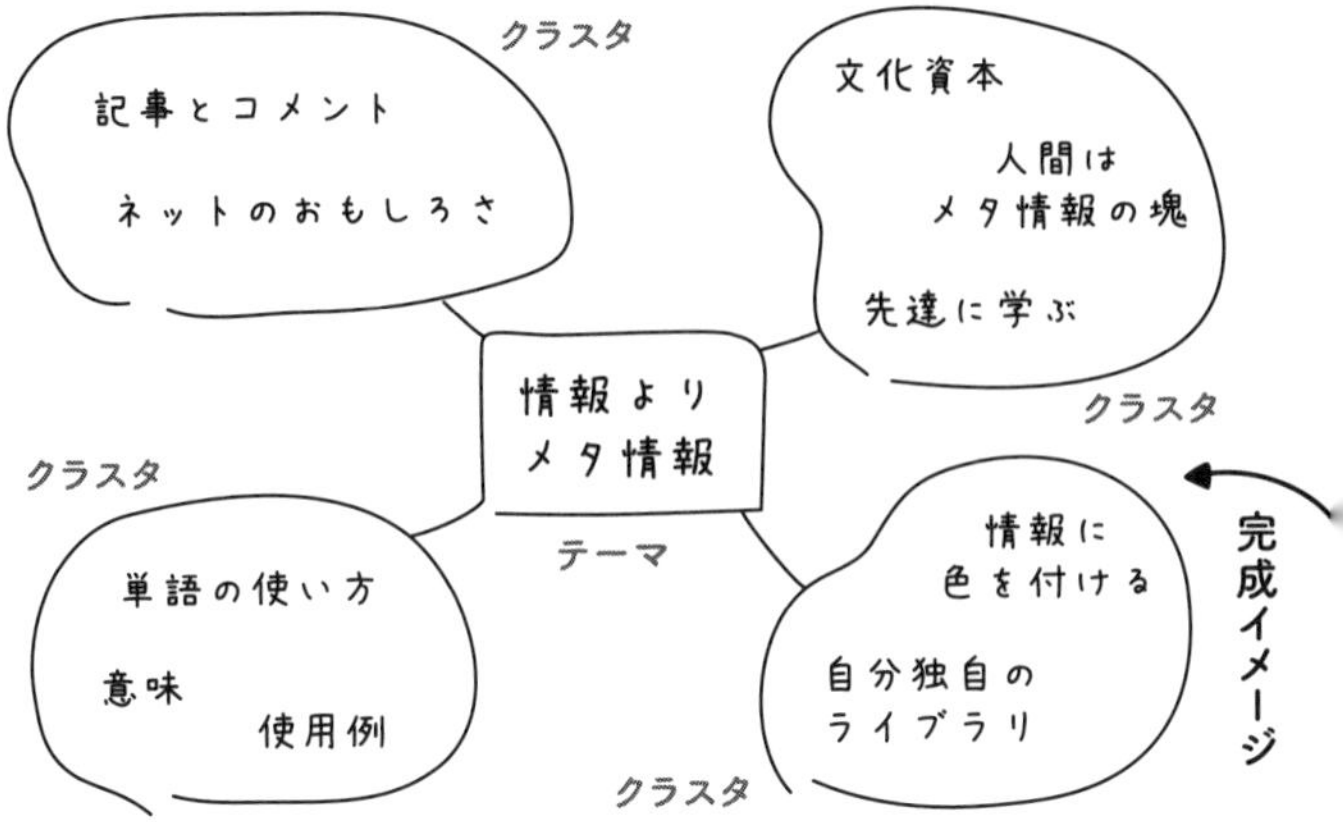

ものを拾い出して色の付いたペンで囲んでみる。

そして、使えそうなアイデアの中から、似ているアイデアや関連ありそうなアイデア同士を結び付けて、いくつかのクラスタ（塊）を作ってみる。

そのクラスタが3つか4つくらいできたら、それをどういう順番で語っていけば自然か、ということを考える。

「文の冒頭の始まり方」「クラスタを並べる順番」「最後の終わらせ方」というのが大体決まれば、構成は終わりだ。

ちなみに文章というのは、最初と最後がそれっぽい感じになっていれば、中間部分は適当に雑な内容を並べていても意外とバレないものだ。

「実装」は機械的に落とし込む

こうしてBの段階でアウトプットの内容と順番を決めておけば、Cの「実装」の段階では実際の文章に落とし込んでいくだけなので、あまり考えたり迷ったりすることはなくなるはずだ。

Cの「実装」では、Bの「構成」で決めた内容を、実際に文章として書き出していく。この段階で大事なポイントは、「最初から完成度を上げすぎないこと」だ。とりあえず、**50%〜70%くらいの完成度で、最初から最後まで作り切ってしまうのがいい。**

そしてそのあとで、何度も何度も見直して、少しずつ改良していく。

僕が文章を書くときにいつも心がけているのは、「とりあえずできあがったと思う時点から、まだ3回は改良する余地がある」ということだ。

見直しを繰り返すことで、65%→85%→92%→95%という感じで、少しずつ完成度は上がっていく。

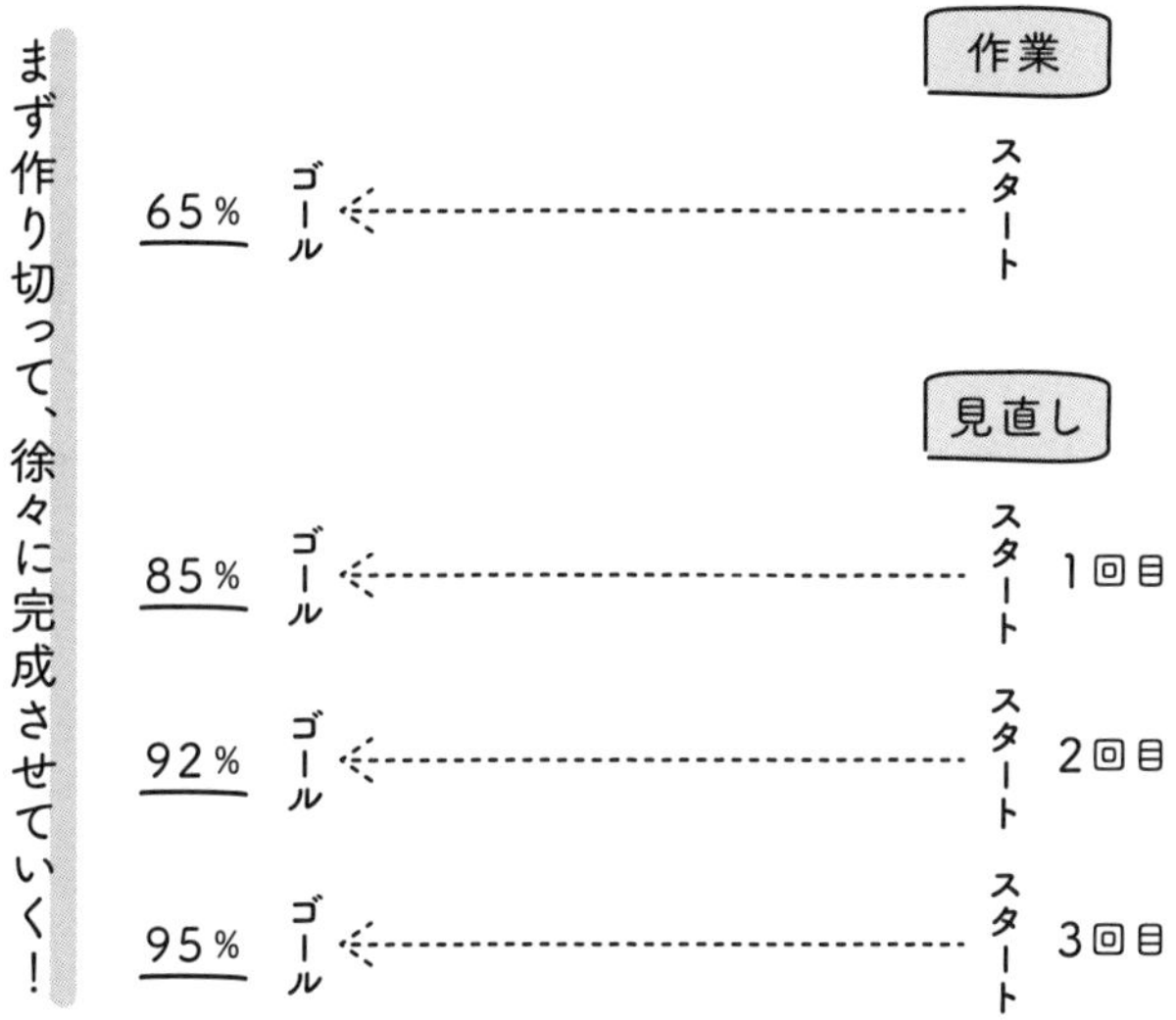

あとになればなるほど直す部分が減るので、だんだん完成度が上がる幅は少なくなっていくのだけど。

この地道な推敲《すいこう》作業をめんどくさいと思う人もいるかもしれないけれど、僕はわりと好きだ。この作業をしているときが一番楽しいかもしれない。

見直しをする際は、「自分の作ったものを他人の視点になったつもりで見る」ということが大事だ。

ちょっと休憩して、できあ

がったものをいったん忘れてから、また見る、というのを繰り返す。一度寝て、次の日にまた見直すというのもいい。

「見るデバイスを変える」というのも、他人の目線で見るために有効な手段だ。

僕はパソコンで文章を書いているけれど、それを紙に印刷して読み直すと、パソコンの画面では気づかなかったミスに気づくということがよくある。

実際に脳の研究でも、透過光（ディスプレイ）を見るときと反射光（紙）を見るときでは脳の働きに差があって、紙を見たときのほうが情報処理の効率が上がるということが言われている。

だから僕は、大事な文章は必ず一度プリントアウトしてチェックすることにしている。

あと、文章はクラウドに置いてどこからでも見られるようにしているので、外に出ているときにスマホから読んだりもする。公園などの野外で軽く読むといつもと違う気分で見られるのでいい。

推敲は楽しいけど、こだわりすぎると終わりがない作業でもある。だんだん疲れてくると、この書き方がいいのか、それともこっちのほうがいいのか、そういうのがまったくわからなくなってくる。

だから、ある程度完成度が上がったと思ったら、そこで切り上げるのも大事だ。100％の完成度というのはありえないものなので目指さないほうがいい。

完成度が90％以上に達して、これ以上いじってもあまり上がらなそうだな、と思ったら、いさぎよくやめよう。

最終的な仕上げ段階では、読み直してちょっとひっかかる点を直したり、細かい言い回しを変えたり、という微調整をする。

これは大工作業にたとえると、木材の表面のやすりがけをして、手触りをよくするような作業だ。ここまでいくと完成だ。

そんなに何度も見直しをして手間をかけるのは、ちゃんとした仕事や気合いの入ったときだけで、**ブログやツイッターに何か書くときは50％くらいの完成度で適当に出してしまったりする**のだけど。

ウェブの利点はあとから書き直したり消したりできるところだ。

ウェブ業界では、「50％の完成度でサイトを公開する」なんてやり方をすることもある。

あとからいくらでも追加や修正ができるウェブならではのやり方だけど、実際に人に見せてみないと気づかないこともあるので、とりあえず完成度の低い段階で公開してみて他人の反応を見てみるのはいい方法なのだ。

アウトプット3

さらに磨くテクニック集

ここまで、「軽いアウトプット」と「重いアウトプット」について説明してきた。ここからは、さらにアウトプットを磨くためのテクニックについて5つ紹介したい。

テク1　とりあえずパクる

何かを生み出そうといっても、どうしたらいいかまったくわからない人も多いだろう。そういうときは、誰かの作ったものをパクればいい。

僕は本を書くとき、大体いつも「**今度は誰をパクろうかな**」ということを初めに考えている。

パクリは別に悪いことじゃない。

初心者がバンドをやるときに、まず既存のバンドのコピーから始めるのと同じだ。誰だっていきなり自分のオリジナルなものを作るなんて無理だから、最初は既存の何かをコピーするものだ。

そもそも、「完全にオリジナルなものなんて、この世に存在するのか」という問題もある。どんな作品も、その作品より前にあった作品に必ず影響を受けている。

誰も「無」から何かを作り出すことはできなくて、すべてのものはそれ以前の何かの影響の集合体だ。そう考えると、人の作品をコピーするのは悪いことではなく当然のことでもある。

では、自分のアウトプットをするときに、どういうものをマネすればいいのだろうか。

世の中におもしろい本や文章はたくさんあるけれど、ときどきその中でも、「これはわかる」「なんかしっくりくる」「この人は自分の仲間だ」という感じで、自分に特にグッと迫ってくる種類の文章があるはずだ。

そういう本は、著者と自分の脳のタイプが似ているのだ。**物の考え方や感じ方など、脳の使い方が自分に近いから、強く「わかる」と感じる**のだ。そういうものをマネするとやりやすい。

とりあえず、たくさんのものを見たり読んだりしてインプットしてみて、次の2つに分けてみる。

1. すごいけれど、どうやったらこんなものが作れるか想像がつかない
2. なんか自分の延長線上にあって、自分にも作れるかもしれない気がする

そして、後者の「自分とタイプが近い人」をマネするようにすればよいのだ。

さらに、脳のタイプ分けのしかたとしては、

1. 最初から一つ一つ順番に理解していくのが得意な人
2. とりあえず全体像をつかんでからじゃないと理解できない人

という2種類の分け方がある。

僕は後者の、「全体像をつかまないと理解できない人」だ。何かをするときも全体の計画を立ててからじゃないと動けないし、道を歩くときも地図を見て東西南北の方角と周辺一帯の地形を把握してからでないと迷う。

その逆として、全体像の話を聞いてもピンとこなくて、来たものを次々とこなしていくほうが得意な人もいる。話を聞いたり文章を読んだりしていると、自分と同じタイプの人はなんとなく直感的にわかるものだ。

他の分け方として、

1. ビジュアル（視覚）で理解するのが得意な人
2. 文章で理解するのが得意な人
3. 耳から入った音（聴覚）で理解するのが得意な人

という違いでも分けられたりする。

自分の脳のタイプによってパクるのに向いている相手は異なる。自分はどういう脳のタイプなのかを考えて、お手本になりそうな人を探そう。

パクリに話を戻すと、パクリ問題が生じてしまうのは、一つのものからだけパクったときだ。

「50％をAからパクって、30％をBから、10％ずつをCとDからパクる」というふうにいろんなところから少しずつパクれば、あまり問題にならなくて、オマージュとかリスペクトとか言われたりする。

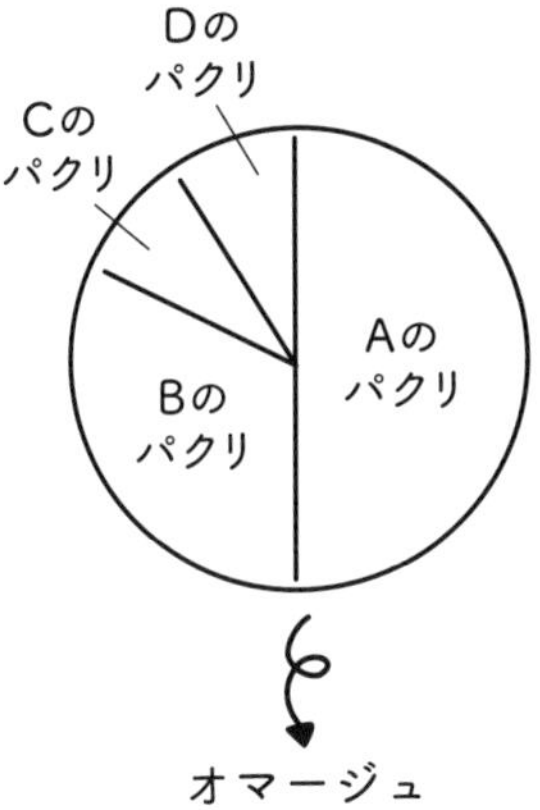

また、昔のものを今の人でも理解しやすいように現代風にアップデートする、みたいなのもいい。それは誰かがやる必要がある仕事だ。

慣れないうちはぎこちないパクリばかりになるかもしれない。けれど、だんだん上手になってくると、**パクったつもりでも自分の中**

で自分なりの味付けが行われて、見た人でも元ネタがわからないくらいに仕上がってくる。

ちなみに、この本を書き始めたきっかけは勝間和代の『無理なく続けられる年収10倍アップ勉強法』という勉強法の本を読んで、「あ、なんかわかる。この人と自分は近いところがある気がする。こういうのを自分も書いてみたいし書ける気がする」と思ってマネして書き始めたのがきっかけだ。

だけど、書いているうちに自分なりの部分が多くなってきて、元ネタとはかなりかけ離れたものになってしまった。僕の本はいつも大体そういう感じだ。

それから、パクっても陳腐にならないための心がけとしては、「**形をマネるのではなく、気持ちをマネる**」というのが大事だ。

ロックミュージシャンの甲本ヒロトが、「誰かの音楽をカバーするとき、曲をカバーするんじゃなくて、その曲が持っている熱をカバーするんだ」ということを言っていた。

ある作品の表面的な特徴をマネるんじゃなくて、その作品を作った作者の気持ちをマネるのだ。

その作者がここにいたら何を言うか、何を書くか、そういうことを考えよう。そうやってマネしたものは、単なるコピーではない輝きを持つものだ。

テク2　ノートを使い分ける

「重いアウトプット」のところで、ノートについての説明をした。
僕は、複数のノートを意識的に使い分けるようにしているので、そのやり方について紹介したい。

まず、先ほども述べた「アイデア出し用のノート」は、**「Project Paper」のB5の方眼リングノート**を愛用している。無地でもいいのだけど、方眼のほうが図などを描きやすいし、タテでもヨコでも使えるのでよい。

たまにすごくやる気に溢れていて、B5のノートでも足りないようなたくさんのアイデアを広く出したいときがある。

そんなときは、さらに大きなサイズの**「ニーモシネ」というノートの無地のA4サイズ**を使っている。ちょっと高級感があるので、普段はあまり使わないのだけど、とっておきのがんばりたいときに出すと「やるぞー」という気合いが入るのでよい。

アイデア出し用のノート

1 「Project Paper」（B5サイズ・方眼）

やや大きめで
普段使いに最適だ

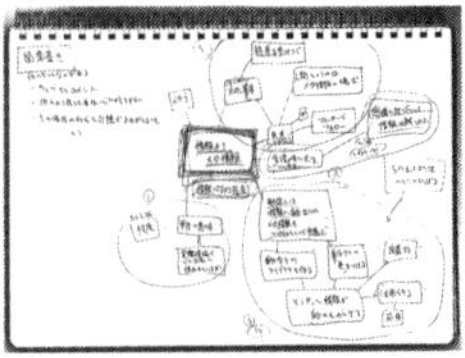

方眼のほうが
使いやすい！

2 「ニーモシネ」（A4サイズ・無地）

特大サイズなので、
やる気に溢れているときに使おう

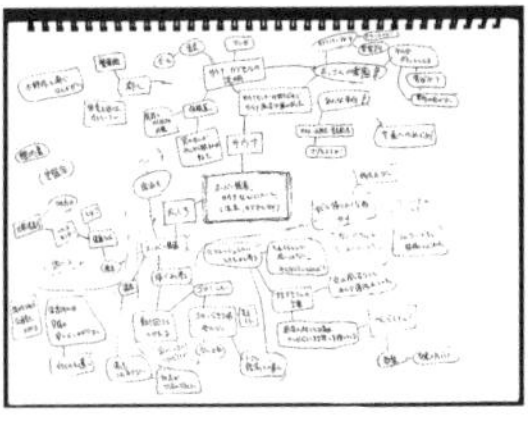

大きいので
たくさんアイデアが出せる！

ちなみに、アイデアを広げるのではなくて、タスクを一つずつ順番にこなしていきたいようなときは、「タスク管理用のノート」というのを用意する。

これは先ほどとは逆で、小さめのノートを縦長に使ったほうがいい。タスクを上から下に順番に一つずつ進めていくようなイメージで使っていく。

タスク管理用のノートは、罫線ありのよくあるタイプで、**A5サイズの「無印良品」のノート**などを使っている。どこでも売っていて手に入りやすいものがよい。

その他にも、A5ノートすらも開く気がしないようなやる気のないときのために、小さめの手帳サイズのノートも持っている。これは「**測量野帳**」という商品が丈夫で使いやすくてお気に入りだ。大きなノートを開くのがだるいときも、小さなノートならまだ少しやる気が出たりする。

タスクやスケジュールを管理するノートと、アイデアを出す用のノートは別にするのが大事だ。

まとめると、よく使うノートが2つ〈アイデア出し用〈大〉と、タスクや日常雑記

タスク管理用のノート

1 「無印良品のダブルリングノート」（A5サイズ・横罫）

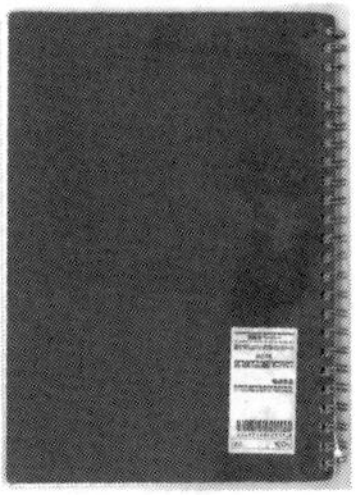

やや小さめで
スケジュール管理にぴったり

上から順にタスクを
こなしていく（詳しくは第3章で）

2 「測量野帳」（縦160ミリ×横91ミリ・方眼）

ポケットサイズなので
どこでも持ち歩ける

表紙が固くて丈夫なので
外でも書けて便利！

用〈小〉、たまに使うノートが2つ（やる気があるとき用〈特大〉と、やる気がないとき用〈特小〉）の4つだ。

いつも同じノートばかり目にしているとうんざりしてくるので、たまに使う別のノートを持つことで飽きにくいという効果がある。そのときの自分の状態や目的によって、道具を使い分けるようにしよう。

ちなみに僕はノートを最後まで使い切ったことはほとんどない。同じノートをずっと使い続けることにうんざりしてきてしまうからだ。

「このノートはこういうふうに使おう」と決めていても、使っているうちにだんだん最初の意図や用途とはズレてきて、余計なものが積み重なってきてよくわからなくなってくるものだ。

そういうときは、**必要な情報だけを別の場所に書き写して、ノートを捨ててしまうとスッキリする。**作業環境は定期的にリセットするのがいい。

テク3　アイデアが出る「休みかた」

パクる方法やノート術を紹介したけれど、それでもうまくアイデアが出てこないときはどうすればいいか。

それは、とりあえず休むことだ。

僕は、「**休めば休むほどアイデアが出てくる**」と思っている。

僕はすごく体力がなくて疲れやすくて、みんなで何かをやっているときに、すぐに座り込んだり寝転んだり抜け出したりしてサボってしまう性質だ。

昔はそういう自分のことを「なんてダメなんだ……」と思っていたけれど、今では逆にそれが長所なのではないかと思っている。

大体の場合、**いいアイデアというのは、一生懸命何かをやっているときではなく、いったん考えるのをやめて休んでいるときに、フッと出てくるものだ。**

体力がある人は、なまじがんばれてしまうので、つい休まずに何時間もずっとダラダラと働き続けてしまう。それはそれで長所でもあるんだけど、「アイデアを出す」

という面では、疲れやすくてこまめにサボったり休憩しているほうが、自然とわいてくるのではないかと思うのだ。

休むときのコツが一つだけある。

それは、「**考える材料をすべて頭の中に入れ直してから休む**」ということだ。

休んでいるときに唐突にフッとアイデアが出てくるのはなぜだろうか。

それは、自分が何も考えていないときや眠っているときに、頭の中の無意識の部分では情報処理が行われているからだ。眠っているときに夢を見るのはこの情報処理の一環だ。

僕は「頭の中に小人さんが住んでいて、休んだり寝ている間に勝手に仕事をやってくれる」というふうにイメージしている。

だから、小人さんがちゃんと仕事をできるように、とりあえず必要な情報をいった

ん復習して、材料を頭の中に全部入れてから休むようにしている。そうすると、アイデアの出る確率が高まるのだ。

勉強した内容は、勉強してすぐよりもちょっと時間が経ってからのほうが理解が深まる、ということが脳科学でも言われている。

これは、「**レミニセンス効果**」と呼ばれているのだけど、これも無意識の部分で情報が処理されているせいだ。

「いいアイデアだ！」と思っていたものが、次の日になって冷静になってみると意外とつまらなかった、という経験は誰にもあるんじゃないだろうか。

だから、いったん忘れてしまって、次の日また別人のような気持ちで見直しをする、というのが大事だ。

いったん思いついたアイデアも、すぐに発表するのではなく、一晩か二晩寝かせて見直してみると、さらに改良できる場所を見つけられたりする。

アイデアは、チーズやワインと同じで、「寝かせている間に熟成する」と覚えておこう。

また、昔からアイデアがよく出てくる場所の例として、3Bというものがある。

3B

Bed（ベッド）

Bath（風呂）

Bus（バス）

僕がよく使うのも、「寝る」「風呂」「歩く・移動する」の3つだ。

アイデアが出なくて煮詰まっているとき、歩いたり風呂に入ったりしていると、フッといい考えが浮かんだりする。

どうしたら解決できるかわからないような悩み事も、1回寝てから考え直してみると、意外とあっさり突破口が見えたりする。

行き詰まったらダラダラと悩み続けるのではなく、こまめにリセットして休むようにしよう。

テク4　2種類の練習

試しに何かをアウトプットしてみても、なかなかうまくいいものができない、というのはよくあることだ。最初は誰だってそんなものだし、それで当然だ。

何かが上手になるには、結局何度も練習を繰り返すしかない。

勉強でもスポーツでもゲームでも何でも、練習というものには2通りしかない。

1. できないことをできるようにする
2. 意識すればできることを無意識にできるようにする

この2つだ。

何をするにしても、上達するためにはこの2つをやっていくしかないし、結局は何度も繰り返して頭に叩き込むしかない。

繰り返して練習するうちに、できないことができるようになり、最初はがんばらないとできなかったことが、自然に短時間でできるようになってくるのだ。

脳のシナプス（情報が伝達される神経回路の繋ぎ目）というのは、何回も使うことでその部分が強化されていって、だんだんその回路をスムーズに使えるようになってくる。**練習というのは、特定のシナプスを何度も繰り返して使うことで、そのシナプスを強化する行為だ。**

2種類の練習を、勉強に当てはめると次のようになる。

1．知らないことを知る
2．ただ知っているだけの知識を、自由に応用して使いこなせるようにする

知識というのは、ただ知っているだけじゃなく、自分のものとして使いこなせないと意味がない。

インプットしたものをただ覚えているだけではなく、そのインプットを元にして自分なりにいろいろ考えてみたり、インプットを応用してアウトプットしたりしてみる

のが大事だ。

それを何度も繰り返していくうちに、最初はまったく馴染みのなかった知識が、いつの間にか自分の手足のように使える道具として馴染んでくる。それは、単なる「知識」が実用的に使える「知恵」になったということだ。

「自分の手足のように使えるようにする」ということは、インプットした内容を全部暗記していないといけないということではない。

むしろ、細かい知識自体は忘れてしまってもいい。**必要なときに「あのへんを調べれば細かいことはわかる」ということだけ覚えていればそれでいい**。

今はググればどんな情報でもすぐに調べられる時代だ。昔は物知りな人を「歩く百科事典」とか呼んで尊敬していた時代もあったけれど、今は細かい知識を暗記していることにはあまり意味がなくなった。

大事なのは、細かい知識自体を知っていることよりも、どういうふうに調べれば必要な情報が出てくるかという、「情報についての情報（メタ情報）」をつかんでいることだ。

勉強をするときは、「こういうことはこのへんを調べればわかる」「こういうことはこの人が詳しい」といった、情報の土地勘、情報の世界地図のようなものを、頭の中に作ることを心がけよう。


そして最終的には、アウトプットを何度も繰り返すことで自分のシナプスを鍛えていこう。

野球の練習でバットを何度も素振りするのと同じで、シナプスは使わないと鍛えられない。知識や道具を自分の手足のようにスムーズに使えるようにするには、何度も何度も繰り返して使い続けて体に馴染ませるしかない。

アウトプットをするときは、駄作を人に見せることを恥ずかしがってはいけない。他人に見てもらわないと、自分だけでは気づけないことがたくさんあるからだ。

天才と呼ばれるような人は、大体ものすごくアウトプットの量が多くて、その中では駄作もたくさん作っている。

くだらないものでもいいからたくさん作ってどんどんアウトプットしていこう。それが何事も上達するための一番の近道だ。

テク5　気持ちを言葉にする

文章を書いているとよく思うのは、「文章というのは、自分の中である程度終わっているものや、ある程度一段落しているものについてしか書けない」ということだ。なぜなら、本当に何かの真っ最中にいるときは、何がなんだかわからなくて文章を書くどころじゃないからだ。

「書くこと」、つまり他人に伝わるように言語化して説明するということは、ぼんやりとしたものに形を与えるという効果や、終わりかけているものをハッキリと終わらせるという効果がある。

僕が何かを書くときは、大体自分の中の何かを終わらせるために書いている。

勉強においても、何か新しい知識をインプットした時点では、それはまだ自分のものになっていない。それを自分の中で消化して、自分の馴染みのある言葉で説明できるようになったとき、初めてそれがわかったと言える。

言葉にするということは、自分のものにすることなのだ。

言葉というのは、この複雑過ぎる世界を把握するための武器だ。

夏の暑いときに、「『暑い』って口に出して言うと余計暑くなるから、『暑い』って1回言うごとに罰金100円だ」などと言う人がいるが、それは間違っている。

「暑い」と言うことで、感じている苦しさは少しマシになる。

「暑い」と口に出すことで「今感じているこの苦しさは『暑い』せいなんだ」ということを確認する効果があるからだ。人間は、原因が確認できると少し安心できる。

問題に名前を付けることは、問題に対処する第一歩だ。

「なんだかよくわからないけど苦しい」よりも「〇〇のせいで苦しいんだ」とわかったほうが、気分的にもラクだし、具体的な対処法を考えることもできるからだ。

何かがよくわからなくなったときは、とりあえず言葉にしてみよう。

最初はうまく言語化できなかったとしても、適当にしゃべったり書いたりしているうちに考えがまとまってくることもある。行き詰まったら、とりあえず書くか話すかをしてみよう。

僕がどうやって書くかについて

コラム2

いつも自分がブログや本の文章を書くときどんな感じでやっているかを書いてみる。

大体いつも、書かなきゃいけない文章があっても、「あー、やる気しないなー」とか思いながら、何日間かうだうだしている。そんな状態を何日か続けていると、だんだん「さすがにそろそろやらんとな」という気持ちになってくる（ならないときもある）。ツイッターに「やるぞー」などと書いて、自分に発破をかけたりもする。

自宅だと散らかっていて落ち着かないので、作業をするときは近所のカフェに行く。人が多すぎたり席が狭すぎるカフェは作業がはかどらないので、どのカフェの、どの時間帯が空いていて、どれほど快適なのかは前もって調べてある。

飲み物（と、たまに軽食）を頼んで席に着く。最初の20分くらいは、あまり落ち着かないのでだらだらとネットを見たり、本や雑誌をパラパラと見たりして過ごす。20分くらい経つと、だんだんお尻が椅子に馴染んでくるので、そこから作業を始める。

作業をするときには、音楽を聴く。音楽を聴くとスイッチが入るように自分を条件付けているからだ。作業をするときは、「ミニマルで歌詞のない音楽」を聴くことにしている。一番気合いを入れたいときに聴くアルバムはDate Course Pentagon Royal Gardenの「Report from Iron Mountain」と決めている。

作業がだんだんノッてくると、靴を脱いで椅子の上にあぐらをかいたりする。音楽に合わせて体を微妙に揺らしながら、指先でキーボードを叩いて言葉を生み出していく。この瞬間が最も気持ちいい時間だ。

そして、作業を始めて1時間くらい経つと集中力が切れる。人間が本当に集中できる限界は、きっとそんなものなんだろう。集中が切れたら、いったん帰ったり、食事をしたり、散歩をしたりなど、頭を使わないことをしばらくして脳を休める。大体こんなふうにして僕は文章を書いている。

第3章

だるいを解消する モチベーションと スケジュールの技術

CHAPTER3

モチベーション&スケジュール1

だるさ解消法

その1　言語化する

勉強とか仕事とかで、「やらなきゃなぁ」と思いながらも、やる気がしないときというのは誰にでもあるだろう。僕も頻繁にある。人間というのはそもそもみんな怠惰でめんどくさがりなのだ。

だけど人生においては、生きている限りいろいろやらなければいけないことに追われ続けることになっている。これはしかたないので諦めよう。

やらなきゃいけないことがあるけど、やる気がまったくしないとき、そういうときはどうすればいいだろうか。

僕は、やる気がしないときには、ツイッターに「だるい」「やる気がしない」「今日

はあかん」などと書くようにしている。

「だるい」とか「できない」という気持ちを文字にすることで、自分の中のだるさややる気のなさが書いた文字にいくらか移動して、少しだけ体が楽になるような感覚があるのだ。

メソッド2でも述べたように、どんなときでも、言語化というのは問題解決の第一歩だ。

悩み相談をしたとき、大した回答が返ってこなくても相談するだけで少しラクになるのは、相談するという行為自体に効果があるからだ。抱えている問題を正しく言語化することができたら、それはもう半分くらい解決しているようなものだ。

だから、**だるいと思ったら遠慮せずに、堂々と「だるい」とつぶやくことが大事なのだ。**

「だるいときによく書き込む元気がありますね」って言われたりするけれど、よく考えてみたら、本当にだるさがひどい一番底の時期は書くこともできない。

ある程度だるさから回復してきた時期にようやくそれを言葉にすることができて、言語化するとさらに回復が早くなる、という感じだ。言語化にはその対象を終わらせる効果がある。

その2　姿勢を変える

それから、僕がよくやるのは、「やる気がしなくても、とりあえず机に向かってノートを開く」というものだ。

物理的な姿勢というのは気持ちに影響するもので、机に向かってノートを開くとちょっとやる気が出てくることがある。

僕らは普段、やる気があってそれから行動が起こると思いがちだけど、**実際は行動を起こすとそのあとからやる気がわいてくる**（側坐核《そくざかく》という部分が関わっている）、ということが脳科学では言われている。だから、とりあえず場所を移動したり姿勢を変えてみたりするのがいい。

もし机に向かってもやる気が出なかったら、何もせずに、机に向かってしばらくだ

らだらしていよう。ノートを開くのもつらいときは、ノートを持つだけでもいい。少しずつ体を慣らしていこう。水風呂に入るときと同じだ。

そうして「今日はやる気がしなかったけど机に向かうところまでがんばれた、えらい」と自分を褒めてあげよう。

その日は勉強が進まなくても、机に向かったことで意識の水面下では効果があって、**見えないところで「やる気ゲージ」が少し溜まっていて、その次の日には前の日よりももう少し先までがんばれるようになっている。**

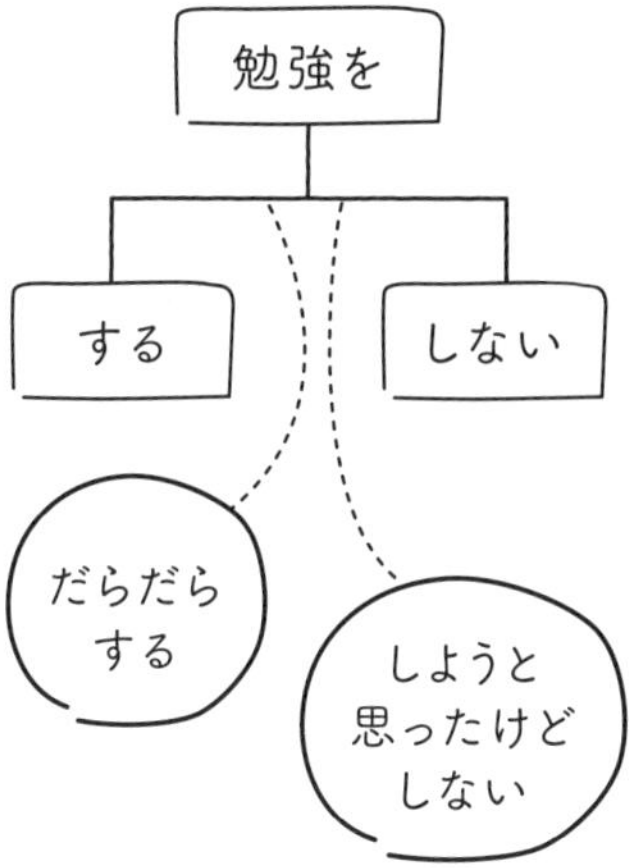

「がんばって勉強する」と「やらない」の二択しか選択肢を持っていないと0か1かになってしまってよくない。

その2つの中間として、「だらだら勉強する」とか「勉強しようとしたけれどあまり何もしなかった」というのも入れておくと気がラクになる。

だらだら勉強するのでも何もしないよりは偉いし、やる気が起こらないときはそれでいいのだ。それは無駄になっていない。

その3　日付を書く

ノートに適当な絵を落書きしたり、「だるい。やる気がしない」などと書くのもいい。何でもいいから指を動かすことでやる気が出るという効果がある。

そして、作業が進まないときでも、とりあえずノートやメモ帳にその日の日付を書いておくのがいい。

日付を書くために手を動かすことで、少しだけやる気のスイッチが入る。

また、**日付を記録しておくと、自分が何日くらいがんばっていて、何日ぐらいやる気がしない状態でいるかという状況を、客観的に捉えることができる。**

左の図みたいに、3日連続でやる気がしないという書き込みが続くと、さすがに4日目には「そろそろやるか」という気持ちになってくるものだ。

そうやって少しずつ進んでいって、少しずつ机に向かうことを習慣にしていこう。

その4　お金を使ってみる

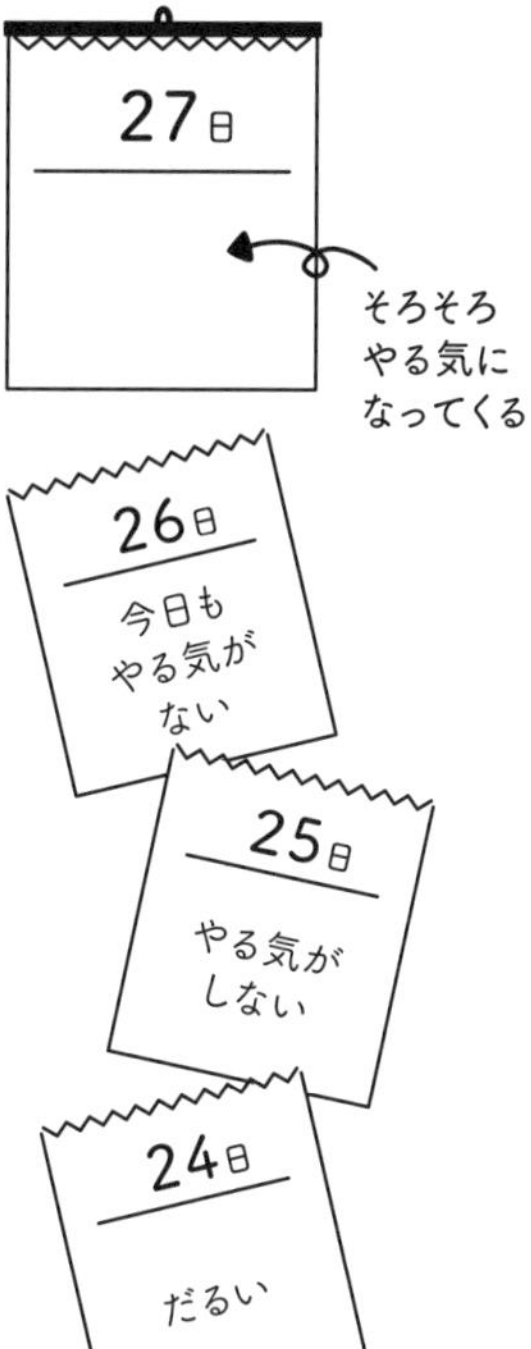
27日
そろそろ
やる気に
なってくる
26日
今日も
やる気が
ない
25日
やる気が
しない
24日
だるい

それでもやる気がしないとき、僕は勉強する内容をプリントアウトして、手に取ったり頬ずりしたり、丁寧に折りたたんだりしてみる。

物理的に手触りや重みを感じることで、少しだけやる気や親しみがわいてきたりするのだ。

メールの返事をするのがだるいときも、メールをプリントアウトしてみたりする。

ディスプレイで見るよりも、紙で見たり紙を手に持ったりしたほうがやる気が出る。物理的な感触は大事だ。

あまりにもだるいときは、プリントアウトしたメールとノートパソコンを持って、メールの返事をするためだけにカフェに行ったりする。

わざわざメールを書くだけのためにカフェまで行ってドリンク代の数百円を払う。そこまでするとさすがにやんなきゃな、という気持ちになってくる。

お金を使うと「元を取るために何かしなきゃ」という気持ちがわいてくるので、どうしてもやる気がしないときは何かにお金を使ってみるのがよい。

その5　死を意識する

死を意識するというのも一つの手段だ。人間は、死を目前にするとやる気が出る。

「**自分が余命3ヶ月だったら、どんなふうに行動するか**」ということを考えると、あんまりだらだらする気はなくなってくるものだ。メソッド4で述べたように、無制限に時間があるよりも、時間が限られているほうがやる気が出る。

でも、よく考えてみたら、人間はみんなそのうち死ぬのだから、誰だって無制限に時間があるわけじゃない。

だけど、人間はバカだから、よっぽど死が目の前に近づいてこないとそのことに気づかないのだ。

すべての人間は、執行猶予付きの死刑囚だ。

僕は、山田風太郎《やまだふうたろう》の『人間臨終図巻』という、人の死ぬところだけを享年順に並べた本をときどき読んで、定期的に死を思い出すようにしている。**自分の今の年齢で死んだ人の死にざまを見ると、「せっかく生きているんだから何かやろうか」という気分になってくる。**

あとは、普段あまり吸わないタバコを1本だけ吸ってみたりもする。昔から「喫煙は緩慢な自殺である」と言われている。体に悪いことをして寿命を縮めている罪悪感と引き換えにちょっとだけやる気が出る。

ここまで、5つの方法を紹介した。

でも、それでもどうしてもやる気がしないときは、「自分は本当にそれをやるべきなのか」ということを考えたほうがいいかもしれない。

「本当に自分はそれをやりたいと思っているのか？」「やる必要があるのか？」「誰かに強制されていないか？」「意地でやらなきゃいけないと思っていないか？」と、考え直してみよう。

精神や肉体が健康な状態なら、本当にやるべきことは自然にやりたいと思って体が動き始めるはずだ。**どうしてもやる気がしないのは、自分は本当は「それをやらなくていい」と思っているからではないだろうか。**

好きなゲームの攻略情報を調べるとか、好きなアイドルやミュージシャンの情報を調べるとか、誰にも強制されないのに自発的に何かを知りたいと思ったことは誰でもあるだろう。勉強がもっとも効率よくできるのはそういうときなので、そのときの「感じ」を忘れないようにしよう。

モチベーション＆スケジュール2

スタートダッシュ法

自分の「ダメさ」を計算に入れる

いつもスケジュールに遅れがちな人というのがよくいるけれど、そういう人は仕事の能力が低いというよりも、「理想が高すぎる」という場合が多い。**スケジュールに遅れがちな人は、自分がもっとも調子がよくて、何のトラブルも起こらない状態を基準にしてスケジュールを組んでしまっているのだ。**

人間の調子というのは変動するし、予定外のトラブルというのはいつだって必ず起こるものだ。

だから、「自分はだめだからこのへんでしばらくやる気なくなって2、3日ぐだぐだになっているはずだ」ということを計算に入れてスケジュールを組むのが大事だ。

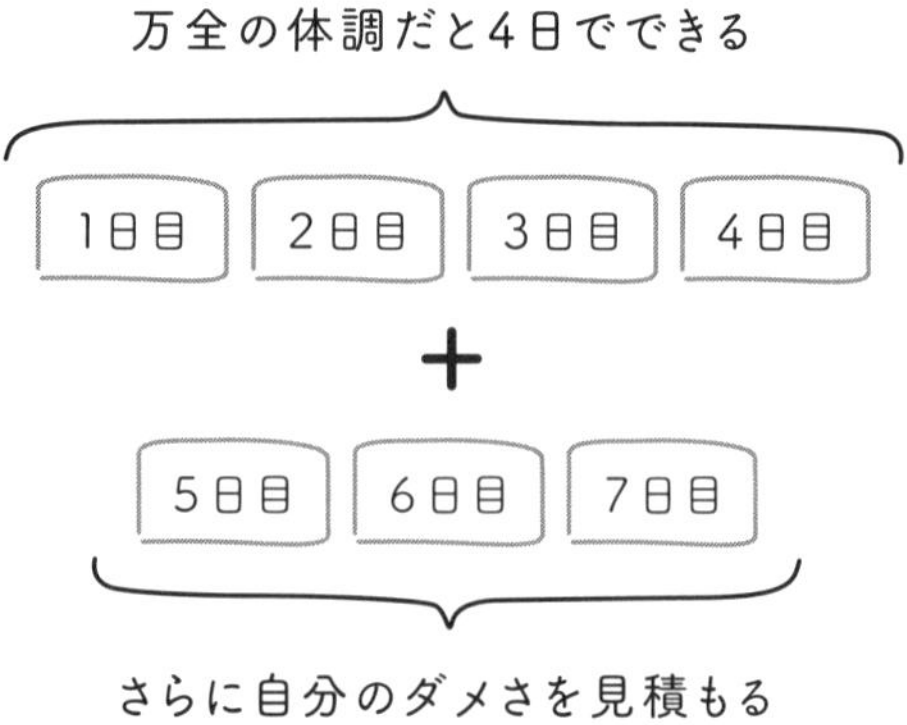

僕はわりといつも「だるい」とか「やる気がしない」とか言っているけれど、〆切や予定はちゃんと守るほうだ。

〆切を決める段階では、「がんばってみますが、無理かもしれません」と言ったりするのだけど、やってみると大体いつも〆切より早く仕上がったりする。

それは、がんばっているというよりも、自己評価が低いというか、**自分のダメさを多めに見積もる癖があるからだと思う**。

僕は他の人に比べて、肉体や精神の持久力や安定性がすごく低くて、すぐにバテたり疲れたりしてすべてが嫌になりやすい。

だから、予定を立てるときはいつも余裕を多めに取るようにしている。

仕事や遊びの誘いも、「予定は空いてるけれど、体力がなくてだるいから」という理由で断ることが多い。そのせいで収入や人との交流が減ったりもするけれど、「それは自分の限界だからしかたない」と考えている。

スケジュールを守るために一番大切なのは、仕事をすごいスピードでこなす能力ではなくて、見栄を張らずに自分のありのままのダメさを認められる心の強さなのだ。

実際よりもちょっとダメなくらいに自分のことを見積もっておいたほうが、予定にも余裕ができるし、他人にも「謙虚な人だ」とか思われるのでトクだ。

敵の「柔らかい場所」を探す

「やらなきゃいけないことがたくさんあるけれど、どうもやる気がしない……」というときは、一番ラクなところからやろう。ゲーム感覚で敵（やらなきゃいけないこと）の一番柔らかい場所を探すのだ。

どんなに強そうな敵でも、弱点というのは必ずある。ゲームやマンガで、「このモンスターは表皮は硬いウロコに覆われているが、脇の下だけは柔らかいのでそこを攻撃しろ」みたいな設定がよく出てくるけれど、そういう部分を探すのだ。

中学校を舞台にしたマンガ『暗殺教室』で生徒たちが中間テストや期末テストで問題を解いていくときの描写が、ゲームに出てくるようなモンスターの弱点を探しながら戦う様子にたとえて表現されているのがおもしろいのだけど、勉強をそういうイメージでやると楽しくなる。


具体的には、一番柔らかい場所というのは一番手を付けやすい部分のことだ。

つまり、「これはやる気がしない、これもやる気がしない、あ、うーん、これもそんなにやる気はしないけれど、これだったら他に比べてまだ少しやってもいい気がするかな……」というところだ。

たくさんやることがある場合、全部同じくらいやりたくないという場合はあまりなくて、やりたくない度合いには差があるものだ。

だから、その中でとりあえず、**やりたくない度合いがまだマシな部分から始めて、やりたくない度合いが大きい部分は後回しにすればいい。**

その一番とっつきやすい部分を何とか終えたら、少し休む。そしてまた残っている部分の中から一番やりやすい部分を見つけ出して、それをやる。それを何度も繰り返す。問題というのはだいたい、細かくバラして一つずつ潰していけば大したことがないものだ。

そうやって一つずつ潰していくと最後にはどうしても嫌で気が乗らない部分が残るけれど、その部分は、「これが終われば最後だから……」と思って何とか我慢してやる。そうすれば全部終わるだろう。

じっとしているとあまりやる気がわかないけど、ちょっとでも動き始めると勢いがついていろいろ進められたりするものだ。

だから、「全部やる気しないなー」と思って何もせずに止まっているよりは、ラクな部分を手を抜きながらでいいから少しずつでも進めるようにしよう。

「考えてみてもどこから手を付けたらいいのかまったく見当がつかない……もうだめ

だ」というときは、視野が狭くなってしまっているので、ちょっと一息入れよう。散歩をしたり食事をしたり風呂に入ったりして、少し休憩してからまた考えてみよう。

基本的に、まったくどうにもならない問題というのはこの世に存在しない。だけど、敵との距離が近すぎるとうまく敵の全体像が把握できなくて、相手が攻略不可能の巨大な壁に見えたりする。

そういうときは、**少し距離をとって離れたところから眺めてみると、「この問題はこういう構造になっているのか」「こいつはここが弱いな」「ここから手を付ければよさそうだ」という手がかりがわかりやすくなる。**

行き詰まったときは休憩をして、深く呼吸をして、体の力を抜いた状態でもう一度問題を眺めてみよう。そうすれば、どこから手を付ければいいかがなんとなく浮かび上がって見えてくるはずだ。

タスクを「リストアップ」する

184ページで、ノートについて説明をした。ここでは、そこで紹介した「タスク管理」について述べていく。

作業を始める前には、やらなければならないことを全部リストにして書き出すことをしよう。

たとえば、Aという仕事を完成させるためには何が必要かを考える。Aを仕上げるためにはBとCとDが必要だとする。そして、Bのためには EとFが必要で、CのためにはGとHとIが必要……といったふうに、考えていくとさらにやることが細かく分かれていくだろう。

そうした必要な作業をすべて洗い出して、何をどういう順番で進めれば仕事が完成するかを最初にまず考える。

メソッド2で述べたように、やらなければいけないことをきちんとすべて書き出せたら、その時点で仕事は3分の1くらい終わったようなものだ。

あとは余計なことを考えず、そのリストに書き出したことをひたすら一つずつ潰していけばいいだけだからだ。

愚直に一つずつ終わらせていけば仕事は完成する。

最初にやることを整理しないまま作業に取り掛かってしまうと、「これは本当に必要なことだっけ」「あとは何をやれば完成するのか」というようなことを迷いながら作業しないといけなくなってしまい、効率が悪い。

「計画を立てるフェーズ」と「実行するフェーズ」はきちんと切り分けて、やることをすべてはっきりさせてから実行に取り掛かるのがよい。

ノートにとりあえずやることを全部文字にしてリストアップすること。「何をすればいいんだっけ」と迷ったら、それを見ればわかるようにすること。

書き出しておけば、何をすればいいかを考えなくていいし、覚えていなくてもいいので頭の中が少しラクになる。まずこれが作業の第一段階だ。

やることのリストアップが終わったら、次はそれをどういうスケジュールで進めていくかを決めていこう。

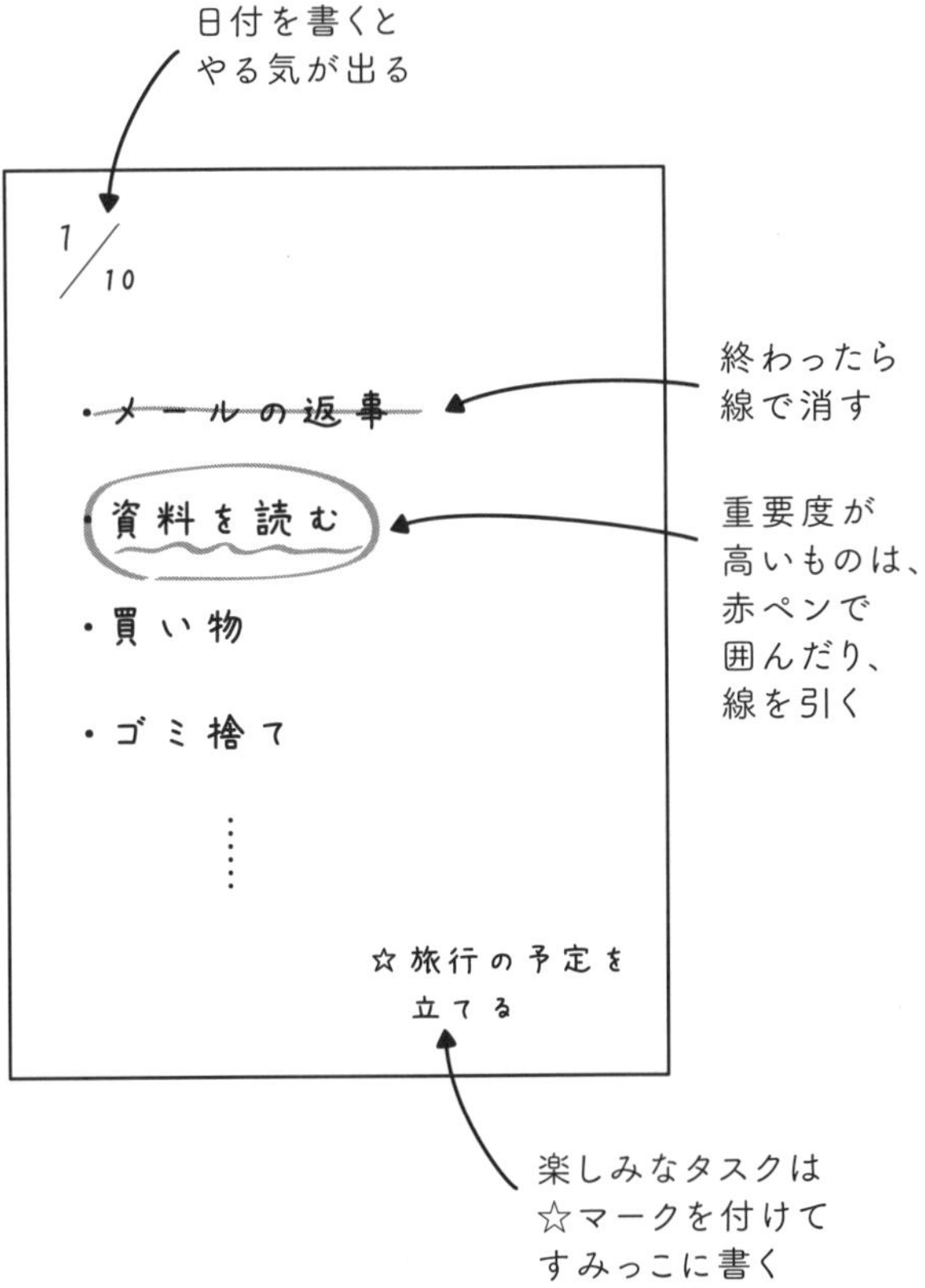
日付を書くと
やる気が出る
1/10
・メールの返事
・資料を読む
・買い物
・ゴミ捨て
……
☆旅行の予定を
立てる
終わったら
線で消す
重要度が
高いものは、
赤ペンで
囲んだり、
線を引く
楽しみなタスクは
☆マークを付けて
すみっこに書く

モチベーション&スケジュール3

カレンダー管理法

スケジュールは「3つ」に分ける

大体の場合、何かに取り組むときはスケジュールを立ててから進めるだろう。たとえば、20日間である仕事を終わらせる必要があるとする。この場合、スケジュールの期間を「3つ」に区切るのがいい。

どうして3つかというと、**3等分というのは人間が直感的に把握しやすい数だからだ**。前期・中期・後期の3つに分けると覚えやすい。

2等分もわかりやすくていいけれど、特に期間が長い場合、前半・後半の2つだけだと途中でダレてきやすい。作業が多くなくて、1週間くらいの期間なら前半と後半だけでよいかもしれない。

4以上の数で分けるとパッと把握しにくくなる。4以上の数で分けるときはまず前半と後半に2等分をして、そのそれぞれをさらに2等分にする、などの工夫をすると扱いやすい。

20日間を3つに分けると、大体6日ずつになる。3×6＝18で2日余るけれど、余った日は休息や、予定が狂った場合の調整日としておいておく（予定というのは大体の場合狂うものだ）。

6日間が一まとまりというのも少し長くてダレやすいので、それぞれを前半と後半に分けてもいい。

A、B、Cの3つに分けて、さらにそれぞれをA－1、A－2、B－1、B－2、

スケジュールは3等分する

前期
1～6日
全体的にやる

中期
7～12日
ざっと見直す

後期
13～18日
余力で磨き上げる

C－1、C－2と分けるといった感じだ。

なぜ、細かくスケジュールを区切るのがいいのか。それは、細かくスケジュールとタスクを分けることで、その段階で気にしなくていいことを全部忘れることができて、目の前の作業への集中力を上げることができるからだ。

A－1に割り振った作業をやっているときは、A－2のことくらいは少し気にしてもいいけれど、BとCの段階でやることについては、完全に頭の中から消し去って忘れてしまおう。

人間の脳内のメモリには限界があるので、気にしなくていいことはとりあえず忘れてしまったほうが、作業がはかどる。きちんと作業内容をリストアップしてスケジュールを立てることで、今やらなくていいことを安心して忘れることができる。

メモやノートや予定表というのは、とりあえず必要じゃないことを忘れて頭の中をラクにするためにある。

勉強全般に言えることだけど、重要なのは覚えることよりも、必要じゃない部分を忘れることだ。そうすることで、目の前のものに対しての集中力が増すからだ。

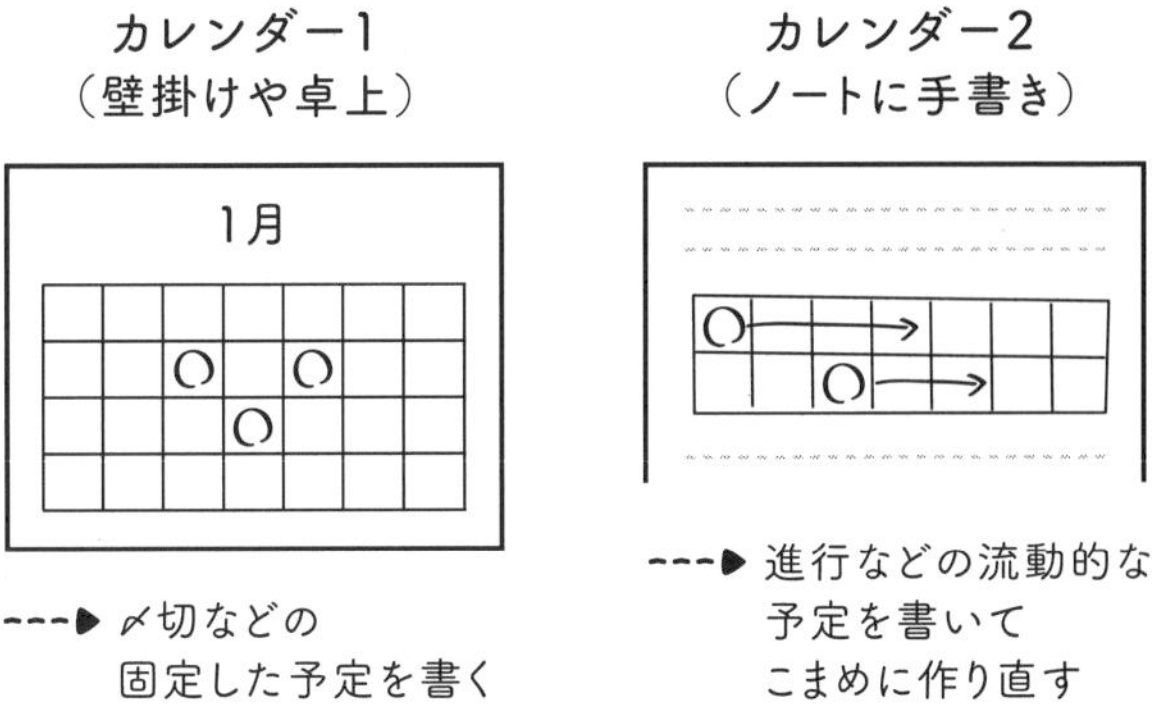
カレンダー1
（壁掛けや卓上）
1月
---▶ 〆切などの
固定した予定を書く
カレンダー2
（ノートに手書き）
---▶ 進行などの流動的な
予定を書いて
こまめに作り直す

カレンダーは「2つ」作る

スケジュールを立てるときにカレンダーや予定表は必須だけど、僕はいつも2種類のカレンダーを用意するようにしている。

〆切やミーティングなど、固定された日程を書くための「カレンダー1」と、作業の進行予定など、流動的なスケジュールを書くための「カレンダー2」だ。

カレンダー1はあまり書き換えることがないけれど、カレンダー2は状況の変化に応じてこまめに作り直す。

この2つを1つのカレンダーで管理しようとすると、ごちゃごちゃになって把握しにくくなってしまうので分けたほうがいい。

僕の場合は、「カレンダー1」は普通の壁掛けカレンダーやグーグルカレンダーを使っているけれど、「カレンダー2」はノートに手書きでマス目を書いて作っている。既存のカレンダーを使わず手書きで作る理由は、とりあえず1週間か2週間くらいの分だけあればいいからというのと、状況の変化に応じて数日ごとに頻繁に書き直すからだ。

作業の目安として使うために、1週間か2週間くらいの日付を書いたマス目をノートに書いて、そこに、「何日から何日はAをやる」「余裕があったらこの期間にBもやる」などの進行予定を書いていく。

仕事の状況は頻繁に変わるものなので、「カレンダー2」はちょくちょく作り直す。進捗《しんちょく》が予定より遅れたり、予定より進んだりしたときは、それに応じて書き換えないといけない。

状況変化が大きいときは2日くらいで書き換えることもある。

特に問題なく予定通りに進んでいるときでも、週に一度は新しく作り直したほうがいい。古いメモやスケジュールというのはだんだんと鮮度が落ちて腐ってきて、そうするとやる気も下がってくるものだ。

ちょくちょく予定を作り直す作業をすると「何の作業が必要かを何度も見直すことで、仕事全体への理解が深まる」という効果もあるのでいい。

それと、人間は飽きっぽいので、ときどき予定をいきなり大幅に変えてしまうというのもやる気を復活させる方法の一つだ。

決められたスケジュールをこなし続けるのなんてつまらない。予定を守るだけならロボットにだってできる。気分次第でやることを変えていけるのが人間の楽しさだし、僕らはいつだって、今やっていることと何か別のことをやりたいと思っているのだ。

モチベーション&スケジュール4

時間を区切る法

切れば切るほど、時間は増える

無制限にだらだらと何かをするよりも、時間が制限されていたほうが人間の生産性は上がる。時間というのは区切れば区切るほど増えるものだからだ。

たとえば、**「3時間仕事をして30分休む」よりも、「1時間仕事をして10分休むを3回繰り返す」というほうが、2倍くらい仕事ははかどる。**

それは、人間の集中力の持続時間の問題もある。短く区切ったほうがだらだらしにくいのだ。

また、区切りが多いほうが「休む前にここまで進めよう」という意識が働くため、集中力が上がって進行が早くなるというのもある。

評論家の山形浩生《やまがたひろお》が『新教養主義宣言』という本で、「1週間を6日にすれば人類の生産性は少し上がるだろう」ということを書いていた。

この社会では週単位で仕事の区切りを考えることが多いからだ。

今さら暦を変えるのは大変なのでさすがに実現は難しそうだけど、おもしろい発想だと思う。

ただ、短く区切ればいいといっても10分に1回休むとかにするのは短すぎて集中できないだろう。

僕は40分〜1時間くらいを一区切りにして休憩を入れるのがちょうどいいと思っている。学校の時間割と同じような感じだ。

ポモドーロ・テクニックという仕事術がある。

次ページの図のように、25分作業して5分休むのを1ポモドーロとして、それを4回くり返したら15分休む、というサイクルだ。時間はキッチンタイマーで計る（スマホのタイマーなどを使ってもよい）。

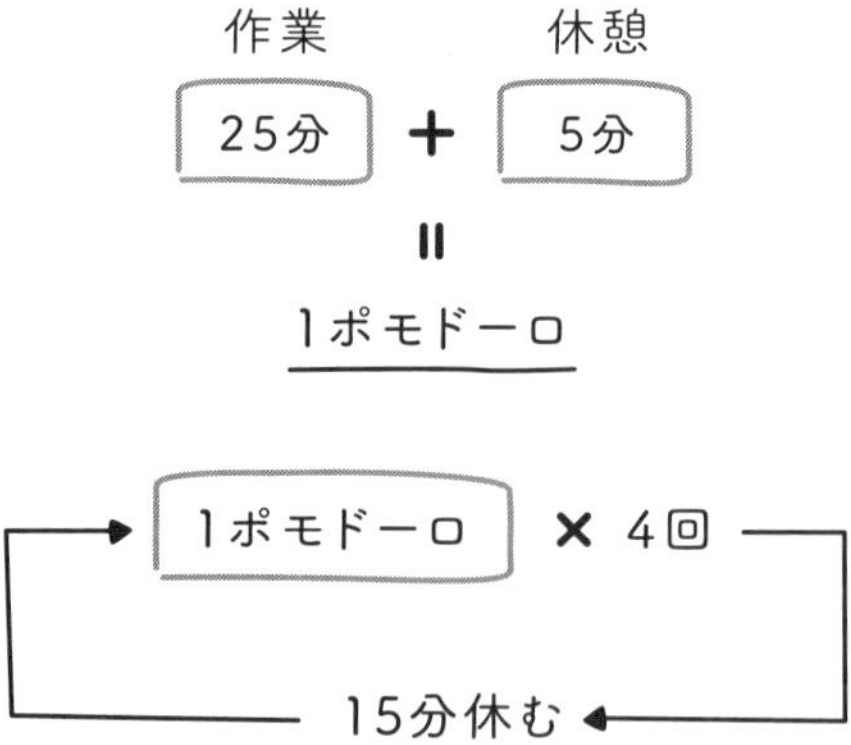

僕は、このポモドーロ・テクニックをそのまま使ってはいない。1回の作業が25分だと短いと感じるので、もう少し長めの単位で作業をするし、仕事と休憩のサイクルを2回くらい繰り返すと嫌になって3時間くらい休んでしまう。

だけど、「こまめに時間を区切る」という考え方には賛同している。

人によって集中力の続く時間は違う。だから、**いろいろ試行錯誤して自分に合った時間配分を見つけよう**。

時間を区切ることのメリットは他にもある。区切りを付けることで、「自分はこれくらいの仕事量は、これくらいの時間でこなせる」「自分はこれくらいの時間で、だんだん生産性が落ちてくる」という目安が付いてきて、どんどんスケジュールを立てるのがうまくなるのだ。

きちんと時間を区切ってスケジュール上手になろう。

「気分転換」をたくさん用意する

「時間は区切れば区切るほど増える」と書いたけれど、それではどのような手段で時間を区切ればいいだろうか。

作業と作業の区切りとして、一番なのは「寝る」ことだろう。

睡眠というのは、小さな死だ。寝て起きると大体のことはリセットされて、寝る前に行き詰まっていたことも、起きるとある程度整理されていたりする。

だから、理想としては、作業の合間に1日10回くらい寝たい。だけど、人間の体は残念ながら、1日10回も寝ると、夜眠れなくなったりして生活リズムがガタガタになるだろう。そのため、寝る以外の気分転換方法をたくさん用意しておこう。

寝ること以外に気分を変えるのに効果的なのは、食事や風呂だ。だけど、食事や風呂もあまり頻繁に繰り返すと体がおかしくなるので、1日に何度かしか使えないのが残念だ。

僕がよくやるのは散歩だ。運動もいいだろう。これらは頭を使わず身体的な快感を得られるので脳を休憩させられる。

それから、音楽もよく聴く。音楽のアルバムというのは、大体40〜60分くらいなので、時間を区切る手段としてちょうどいい。

散歩をしながら音楽を聴くというのが、僕の最強の気分転換術だ。勉強中や作業中は歌詞のない音楽や歌詞の聴き取れない洋楽を聴いて、休憩中は歌詞のある歌を聴くようにしている。

他には、お香やアロマオイルなど、香りを使うのもいい。

部屋の照明を切り替えるというのも効果がある。作業向けには明るめの照明を使い、休むときは薄暗くする、といった感じだ。

休むときの基本方針としては、勉強中は頭を使うので、頭を使わずに気分を変える、ということにしている。

そのためには、**音や光や味や香りなど、五感を刺激するのがちょうどよい**。メソッド1の「デジタルよりアナログ」をここでも使うのだ。

自分の気分転換スイッチがどこにあるか、それをまず探すのが大事だ。「これをすると気分が切り替わる」というお気に入りの行為、自分だけの「おまじない」を決めておこう。

そうすると、やる気のスイッチを入れやすくなる。僕の場合は特定の曲を聴くことや、チョコレートを食べることなどがそうだ。

僕はものすごく飽きっぽくて集中力が長く続かない性質なので、長時間机に向かっていることができない。大体1時間くらいが限度だ。それを超えると頭の中にもやがかかってマヒするような感じになってくる。だから、毎日何度も何度も散歩などをして逃避してしまう。

これは自分の持久力のなさのせいで、「自分はダメだなぁ」とずっと思っていた。だけど、脳や記憶に関する本を読んだりすると、そういうやり方は案外悪くなかったのかもしれない、と思うようになってきた。

前述したように、記憶というのはどうも、長時間ずっと勉強し続けるよりも、短時間の勉強を何回も繰り返したほうが身につきやすいからだ。

僕は、落ち着きのなさや我慢強さのなさのせいで、知らず知らずのうちに短時間の勉強を何度も繰り返すということをやっていて、それが結果的によかったのかもしれない。


だらだらと長時間勉強するのは、実は効率が悪いらしい。

だから、**ちょっと飽きてきたと感じたら、本やノートやパソコンを閉じて（開きっぱなしにしておくよりもこまめに閉じたほうが気分を切り替えやすい）、机の上を綺麗に片付けて、部屋の電気も消して、いったん頭のスイッチをオフにしてしまおう。**

ときどき頭をからっぽにしてみるのは大切だ。こまめに勉強したり休んだりするのを繰り返してみよう。

僕がどうも飽きっぽい件について

コラム3

どうも僕は昔から、飽きっぽくて一つのことを続けることができない。やる気がわくかどうかもランダムで、気まぐれにやる気が出たり、やる気がなくなったりしてしまう。そんな自分の性質をカバーして社会に合わせるために、この本で書いたようないろんなやり方を考えたりしたのだけど、「そもそも社会のほうが自分に合っていないのでは?」ということも考えたりする。

農耕社会では、毎日同じことをコツコツ繰り返したり積み重ねたりすることが重要視されるのだけど、僕はそういうのが苦手だ。逆に、狩猟採集社会では、決まったやり方を嫌って、常に新しい刺激を探してうろうろしたりする個体のほうがうまくいったりする。ひょっとして僕みたいな人間は、今の社会には向いていないけれど、狩猟採集社会向きの人間なのかもしれない。

人類の進化の歴史を考えてみると、そんな思いつきも根拠のないことではない。人類は600万年前くらいから狩猟採集生活をしていたのだけど、農耕が始まったのはたった1万年ほど前だ。だから、狩猟採集向きの遺伝子が人類の中にはまだまだ残っているはずだ。

生物の特性というのは、その環境に合わせて淘汰されて進化していくものだ。だけど、遺伝子の変化のスピードというのはゆっくりなので、進化には通常、何十万から何百万年もかかる。しかし、文明や言語を手にした人類のこの1万年ほどの生活環境の変化というのは、遺伝子の変化がついてこれないくらいに速すぎる。人間がすぐに太ってしまうのも、飢餓が頻繁にあった昔は脂肪を溜め込みやすい仕組みを持っていると生き残りやすかったからだ。僕らがダイエットが苦手なのは、僕らのせいじゃない。

まあ、そんなことを言っても僕らはこの現代社会で生きていくしかないのだけど。同じことを続けるのが苦手な人は、自分の適性に合わせて流動的なライフスタイル(ときどき引越しや転職をするなど)を取り入れるとよいのかもしれない。

付録

教養が身につく
マンガガイド

APPENDIX

マンガで「教養」を身につけよう

なんでも「マンガ化」する時代

昔から僕は、いろんなジャンルの知識の入り口としてマンガを使ってきた。

といっても別に難しいマンガを読んできたわけじゃない。

たとえば、僕が宮沢賢治の（「雨ニモマケズ」以外の）詩を読んでみようと思ったのは、『特攻《ぶっこみ》の拓』というヤンキー漫画で天羽セロニアス時貞というイカれた感じのキャラが、「わたくしといふ現象は仮定された有機交流電灯のひとつの青い照明です」と「春と修羅」の一節を口ずさみながら人を殴っているのを見て、「かっこいー」と思ったのがきっかけだった。

それから、高校時代に読んだ本宮ひろ志の『夢幻の如く』というマンガは、織田信長が本能寺で死なずに世界を征服するという話なのだけど、本宮ひろ志の他のマンガ（『サラリーマン金太郎』など）と同じように、腕っぷしが強くて豪快で男にも女にも惚れられる主人公が「おんどりゃー!!」とか叫びながら喧嘩をし続けるという痛快な内容で、別に小難しいものではなかった。

だけど、『夢幻の如く』を読むことで僕は、織田信長と同じ時代に、中国には清の初代皇帝のヌルハチがいたことや、ロシアには「雷帝」と呼ばれたイヴァン4世がいたことや、イランには「世界の半分がそこにある」と言われたイスファハンという都市があったことや、イギリスにはスペインの無敵艦隊《アルマダ》を破ったエリザベス1世がいたことを覚えたのだった。世界の国々の同時代の関わりが見えてくると世界史はとたんにおもしろくなってくるものだ。

知識の入り口はどこにでもある。そして現在の日本は、どんなジャンルでもなんでもマンガになっている時代だ。手軽に楽しみながら読めて知識も増えるマンガを勉強に活用しない手はない。

ここでは、読むことで楽しく知識が増えるマンガを紹介していきたい。

おすすめマンガ16選

— その1 —

科学

蛇蔵「決してマネしないでください。」
（講談社）

基本的な科学知識を楽しみながら学べる大人のための学習マンガとしてとても完成度の高い全3巻。理系にしか通じない理系ジョークが飛び交う大学の実験室で、主人公が恋心を抱く女性に接近していく様子が描かれるのと並行して、「酸素の発見」や「細菌の発見」といった科学の歴史が科学者の変人エピソードを交えて語られる。さらに「液体窒素でアイスを作ろう」みたいなおもしろ科学実験も毎回盛り込まれている。読みやすくて勉強になって何度も読み返せるマンガだ。

— その2 —

科学

たら子（蛇蔵、鈴木ツタ・原作）「天地創造デザイン部」（講談社）

生き物はどうして今のような形になったのかを説明するのが進化論だ。ランダムな進化の中で環境に適応した特性（キリンだと首が長い）を持った個体だけが生き残っていく。その進化の過程を天界の会議として擬人化したのがこのマンガだ。会社の会議のノリで「おいしくて食べやすい生き物」とか「かっこいい武器を持つ動物」など、さまざまな生き物が提案されて、それがデザイナーやエンジニアの手によって実現されたり却下されたりするのがおもしろい。

コレもおすすめ！

長谷川眞理子『生き物をめぐる4つの「なぜ」』（集英社新書）

— その3 —

科学

清水茜「はたらく細胞」（講談社）

全身を毎日走り回って酸素を配達し続ける赤血球や、体内に侵入した異物をクールに殺す白血球、ケガをしたときたくさん集まって傷口をふさぐ血小板など、人体の中で働く細胞たちを擬人化したマンガ。病原菌が体内に入ってきたとき体内ではどんなことが起こっているのか、花粉症や熱中症や風邪は体内でどんな反応が起きて引き起こされているのかなど、どの細胞がどういう働きをして人体が保たれているのかが、綺麗な絵とかわいいキャラで楽しく学べる。

— その4 —

科学

石川雅之「もやしもん」（講談社）

このマンガのテーマは「菌」だ。菌、それは世界の至るところに無数にいるけれど目には見えず、だけど物を腐らせたり人を病気にしたり発酵食品を作ったりと、我々の生活に欠かせない存在。このマンガの主人公は菌が目に見えるという特異体質なので、いろんな菌が丸っこくてかわいい形で擬人化されていて楽しく菌について学ぶことができる。舞台である農業大学に変な人間がたくさん集まってダラダラワイワイしたり発酵を使った美味しいものを食べたりする様子もすごく楽しい。

コレもおすすめ！

荒川弘『銀の匙』（小学館）

— その5 —

科学

遠藤浩輝
「ソフトメタルヴァンパイア」（講談社）

酸素使いや炭素使いなど、さまざまな元素使いが戦うバトルマンガ。炭素（C）使いは炭化水素が主成分のアスファルトを自在に操れるとか、そんな感じの元素バトルが繰り広げられるので元素記号に詳しくなれる。「モル量」「遷移元素」「水素脆《ぜい》化《か》」などの専門用語がバトルの説明で飛び交うのが面白い。元素周期表で縦の列に並んだ元素は性質が似ていて「族」と呼ばれるのだけど、元素使いは同じ族の元素も操れる。そして銅族（銅・銀・金）を操れる能力者が物語の焦点に……。

— その6 —

科学

稲垣理一郎、Boichi
「Dr. STONE」（集英社）

ある日突然、世界中のすべての人間が石になってしまった。文明は滅び地球上は動物と植物に覆われる。数千年後、石化から目覚めた主人公の二人の高校生は、持っている知識を生かして再び文明を取り戻そうとする。貝殻から炭酸カルシウム（石灰。畑に混ぜたりモルタルを作ったり石鹸を作ったりできる）を作り、ガラスを磨いてレンズを作り、鉄鉱石から製鉄をして磁石を作って発電機を作る、といった風に、さまざまな科学の知識と原始世界でのサバイバルが結び付いているのが楽しい。

― その7 ―

歴史

山田芳裕「へうげもの」（講談社）

歴史モノのマンガはたくさんあるけどそのほとんどは日本の戦国時代か幕末が舞台だ。名作が多い戦国時代モノの中から『へうげもの』を選んだのは文化の要素が強いから。主人公は茶人にして武将の古田織部。登場人物がそれぞれの美意識を追求する様子と、激変する時代の流れがリンクしているのがすごくおもしろい。千利休などの当時の文化人や、茶器や襖絵などの国宝級の美術品がたくさん出てくるので、これを読んでから美術館に行くと楽しくなる。

― その8 ―

歴史

平野耕太「ドリフターズ」（少年画報社）

人間の脳は抽象的な物事よりも、顔や感情を持った他の人間、要するに「キャラ」を記憶しやすいようにできている。だから勉強においても、とりあえずとっかかりとしてキャラを使って覚えてしまうのは良い手段だ。『ドリフターズ』は、島津豊久、織田信長、那須与一、源義経、安倍晴明、ハンニバル、ジャンヌ・ダルク、土方歳三、アナスタシアなど、古今東西のさまざまな有名人物が集まって二手に分かれて戦争をするという派手な話。キャラで歴史を覚えるにはうってつけだ。

― その9 ―

歴史

佐々大河
「ふしぎの国のバード」（KADOKAWA）

その土地の普通の人が、どんなふうに暮らしているか研究する学問を、民俗学という。歴史について学ぶとき、戦争や革命などの派手な動きだけでなく、当時の普通の人が何を食べて何を着て生きていたかを知るのもおもしろい。『ふしぎの国のバード』は明治時代に日本に来た探検家、イザベラ・バードのお話。当時の日本は江戸時代が終わったばかりで、先進国である大英帝国からやってきたバードにとっては未開の蛮族の地。外国人の目から見た異国としての日本が新鮮だ。

コレもおすすめ！

宮本常一
『忘れられた日本人』
（岩波文庫）

― その10 ―

アート

細野不二彦「ギャラリーフェイク」（小学館）

元メトロポリタン美術館で「プロフェッサー」と呼ばれた凄腕キュレーターで、現在は贋作ばかりを扱う怪しいギャラリー「ギャラリーフェイク」を運営する藤田玲司。そんな藤田が世界を飛び回りながらさまざまな美術品にまつわる問題を解決していくというお話。一話完結なのでサクッと読めて、読むたびに少しずつアートに関する知識が増えていくのでおすすめ。僕の持っているアートの知識はほとんど『ギャラリーフェイク』経由だし、食に関する知識はほとんど『美味しんぼ』経由だ。

— その11 —

文学

清家雪子「月に吠えらんねえ」（講談社）

『月に吠える』といえば大正時代に活躍した詩人、萩原朔太郎の代表的な詩集だ。この作品はその朔太郎が主人公なんだけど、ノンフィクションではなく、近代（というと大体の場合、明治・大正・昭和初期あたりを指す）の詩人や歌人や俳人がごちゃまぜに集められて住んでいる□（シカク：詩歌句）街という架空の街の物語だ。実在する詩がとにかくたくさん引用されてカッコイイ。また、近代と日本と戦争といった、重いテーマを含んでいて読み応えがある。

— その12 —

文学

関川夏央、谷口ジロー「『坊っちゃん』の時代」（双葉社）

明治時代を舞台に、さまざまな文学者や知識人がどのように生きていたかを描いたマンガ。全5巻で、第一部は夏目漱石、第二部は森鷗外、第三部は石川啄木、第四部は幸徳秋水、第五部は再び夏目漱石を中心に描かれている。高名な文学者も実際はとても人間臭くて、漱石が神経症ですぐ胃が痛くなるおじさんだったり啄木が借金だらけで女好きのダメ人間だったりして親近感がわいてくる。『孤独のグルメ』などで有名な谷口ジローの絵もすごくよい。

— その13 —

読書

施川ユウキ「バーナード嬢曰く。」（一迅社）

読書がテーマの珍しいマンガだけど、滅法おもしろい。主人公の町田さわ子は、読書家に憧れているのだけど、本を読むのがめんどくさくて、「読まずに読んだふりができる本はないかな?」といつも言っている女子高生。そんなさわ子の周りにはいろんなタイプの読書家が集まっていて、本に関するさまざまなうんちくや小ネタが繰り広げられる。とにかく毎回いろんなジャンルの本が紹介されるので、この本をきっかけに興味を持った本を読んでみたりする入り口としてよさそうだ。

— その14 —

法律

東風孝広（田島隆・原作）「カバチタレ!」（講談社）

広島の行政書士が主人公のマンガ。素人には行政書士って何をやっているかいまいちピンと来にくいけれど、遺産相続や離婚や借金やお店の営業許可や給与の未払い請求など、法律に関わる手続きや書類作成をいろいろやってくれる職業だ。このマンガを読むと、自分も生活の中で関わる（かもしれない）法律のあれこれについて詳しくなることができる。このマンガのルーツにあたる『ナニワ金融道』も、お金の怖さについての知識が増えるのでよい。

コレもおすすめ!

青木雄二
『ナニワ金融道』
（講談社）

― その15 ―

受験勉強

三田紀房「ドラゴン桜」(講談社)

大学受験をテーマにしたマンガ。作中にはいろんな受験テクニックが出てくる。このマンガの一番よいところは、受験勉強という地味なジャンルをマンガというエンターテインメントで見せてくれるので、読んでいるだけで自然と勉強という行為に慣れることができる点だ。同じ作者の『エンゼルバンク』は就職や転職について、『マネーの拳』は起業や経営について、『インベスターZ』はお金や投資について、それぞれ楽しみながら学べる内容になっているので、どれもおすすめだ。

― その16 ―

ビジネス

フランクリン・コヴィー・ジャパン・監修「まんがでわかる7つの習慣」(宝島社)

自己啓発本の代表作である『7つの習慣』をマンガにしたもの。自己啓発本って「どうすれば仕事を前向きに効率的にこなせるか」を書いたもので、書店に行くと無数に並んでいるけれど、どれも書いていることは似ているので、代表的なものだけ読んでおけばよい。この『まんがでわかる7つの習慣』は読みやすくてポイントを押さえているので、原作を読まなくてもこれだけ読んでおけばいいんじゃないだろうか。こんな感じで活字の本がすべてマンガ化されたらいいのに。

おわりに

僕は小さい頃からずっと、「働きたくないなー」と思って生きてきて、大学を出て就職をしたものの、やっぱり会社勤めが合わなくて、28歳のときに会社を辞めて、それ以来ずっとふらふらと定職につかずに暮らしている。

それで本やブログで、「人間は働くためだけに生きているわけじゃない」とか「会社を辞めても生きていく道はいろいろある」とか「しんどい場所からは逃げていい」ということをずっと言ってきたんだけど、読んだ人からときどき言われるのが、

「それはｐｈａさんのように能力がある人だからできることで、自分には無理だ」

ということだ。

そうかもしれない。

たぶん、僕には何かの能力があるのだろう。

この本は、そんな僕が身につけているものをいろんな人におすそ分けして、僕みたいな感じで生きられる人をもっと増やしたいと思って書いたものだ。

僕が持っている能力は、別に努力して身につけたものじゃない。生まれた条件や育った環境や周りの人々など、さまざまな環境や条件に恵まれたからたまたま身につけることができただけだ。

別に僕が偉いわけじゃない。こんなものはたまたまだ。

たまたまもらったものだからこそ、こんなものは一人で独占するものじゃないし、多くの人に共有されるといいなと思っている。

知識は人を自由にする。そして、知識は誰のものでもなく全人類に共有されるべきものなのだ。

最後に、この本を作るにあたっては、大和書房の種岡健さんの多大な協力がありました。僕のざっくりした原稿がこんなに見やすくまとまったのは、すべて種岡さんのおかげです。ありがとうございます。

この本を読んだ人に、いろんな知識や知恵が身につくといいなと思っています。

pha

二〇一七年十二月

文庫版あとがき

この本の中でも書いたと思うけど、「何かを書くとそのことが自分の中で一段落する」という効果がある。

僕の中の勉強法や情報整理術についての興味は、この本を出したことでちょっと一段落して落ち着いてしまったので、最近はあまりそういうことを考えずにだらだらしていた。

でも文庫化にあたってこの本の原稿をあらためて読み返してみたら、そうそう、そうだったな、といろいろ思い出してきた。考えたことをどこかに書いてまとめておくと、しばらく経って忘れてしまっても、読み返すとすぐに昔の状態に戻ることができる。それが書くことの効果だ。

読み返してみて、この本を書いたときの自分は結構いろいろ勉強していて偉いな、と思った。今は勉強とかめんどくさいという気分なのだけど、また何か勉強したくなったときはこの本を参考にしたい。

やる気がないときは何もしないのが一番だと思う。勉強というのは「楽しいから」という理由でやるべきものなのだから。

まあ、人生ではそうは言ってもいられない場合も多いのだけど、その原則は忘れないようにいたい。できるだけ楽しいことだけやっていこう。

この文庫版を作るにあたっては大和書房の若林沙希さんにお世話になりました。ありがとうございます。

二〇一九年十月

pha

本作品は小社より二〇一七年一二月に刊行された
『人生にゆとりを生み出す 知の整理術』を改題し、
再編集して文庫化したものです。

pha（ふぁ）

1978年生まれ。大阪府出身。

現在、東京都内に在住。京都大学総合人間学部を24歳で卒業し、25歳で就職。できるだけ働きたくなくて社内ニートになるものの、28歳のときにツイッターとプログラミングに出会った衝撃で会社を辞めて上京。以来、毎日ふらふらと暮らしている。シェアハウス「ギークハウスプロジェクト」発起人。

著書に『しないことリスト』（だいわ文庫）、『ニートの歩き方』（技術評論社）、『ひきこもらない』『持たない幸福論』『がんばらない練習』（幻冬舎）などがある。

ウェブサイト　http://pha22.net/

だいわ文庫

ゆるくても続《つづ》く
知《ち》の整理《せいり》術《じゅつ》

著者　pha《ふぁ》

二〇一九年一一月一五日第一刷発行
二〇二〇年八月一〇日第四刷発行

発行者　佐藤　靖
発行所　大和《だいわ》書房
東京都文京区関口一－三三－四　〒一一二－〇〇一四
電話　〇三－三二〇三－四五一一

フォーマットデザイン　鈴木成一デザイン室
本文デザイン　松好那名(matt's work)
本文イラスト　ヤギワタル
本文印刷　信毎書籍印刷
カバー印刷　山一印刷
製本　ナショナル製本

ISBN978-4-479-30788-4
乱丁本・落丁本はお取り替えいたします。
http://www.daiwashobo.co.jp

だいわ文庫の好評既刊

＊印は書き下ろし

＊祝田秀全
2時間でおさらいできる世界史
「今」から過去を見直して世界史の流れを掴めば、未来だって見えてくる！　スリリングでドラマティックな世界史講義、開講！
648円
220-1 H

＊祝田秀全
2時間でおさらいできる世界史〈近・現代史篇〉
こんなに面白くていいの!?　大人も子供も「感動する世界史」で近現代がまるわかり！　読まなきゃソンする世界史講義！
650円
220-2 H

＊湯浅邦弘
超入門「中国思想」
二千数百年前の「中国思想」は多種多様。道徳、平和思想、ニート的発想、リーダー論、神秘世界……。役立つ思想と言葉を再発見！
700円
330-1 B

＊蔭山克秀
マンガみたいにすらすら読める哲学入門
ソクラテスもカントもニーチェも、実は驚くほどわかりやすくて、身震いするほど面白い。代々木ゼミナール人気講師による哲学入門。
740円
344-1 B

＊吉田敬一
この問題、とけますか？
ひらめき、論理、数字……。頭をフル回転させて、古今東西の傑作パズルに挑戦！　1問解くごとに脳がめざめる快感を得られます。
650円
346-1 F

＊岩槻秀明
「ぱっと見」では気づかない
すごすぎる雑草
静かに生い茂っている身近な雑草。見ているだけでは気づかないありとあらゆる生き残り作戦を紹介。
800円
027-J

表示価格はすべて本体価格（税別）です。本体価格は変更することがあります。